中国会计评论
CHINA ACCOUNTING REVIEW

名誉顾问

厉以宁/北京大学
梁尤能/清华大学

主　编

王立彦　陈　晓　吕长江　刘　星　刘志远

编　委（按编委姓名拼音排序）

陈　晓/清华大学	刘志远/南开大学
陈信元/上海财经大学	吕长江/复旦大学
刘　峰/中山大学	曲晓辉/厦门大学
刘　星/重庆大学	王立彦/北京大学

特邀编委

靳庆鲁/上海财经大学	吴　溪/中央财经大学
夏立军/上海交通大学	祝继高/对外经济贸易大学

编辑部

罗　炜/北京大学	肖　星/清华大学
李　娟/北京大学出版社	伍利娜/北京大学

主编助理

许骞/中国农业大学

编辑部 IT 事务

曾建光/南开大学

地　址

北京大学光华管理学院

（邮编：100871　电话：010-62767992）

北京市海淀区成府路 205 号　北京大学出版社 209 室

（邮编：100871　电话：010-62750037）

《中国会计评论》理事会

（按大学、机构名称拼音字母排序）

CHINA ACCOUNTING REVIEW

理　事

机构	理事
北京大学	吴联生
北京工商大学	杨有红
北京理工大学	陈宋生
北京师范大学	崔学刚
重庆大学	刘　星
东北财经大学	方红星
对外经济贸易大学	陈德球
复旦大学	洪剑峭
国泰安 CSMAR	高　宁
哈尔滨工业大学	王福胜
华中科技大学	刘启亮
吉林大学	赵　岩
暨南大学	熊　剑
南京大学	王跃堂
南开大学	张继勋
清华大学	肖　星
山西大学	张信东
上海财经大学	孙　铮
上海交通大学	徐晓东
苏州大学	罗正英
武汉大学	王永海
西安交通大学	田高良
西南财经大学	蔡　春
西南交通大学	肖作平
厦门大学	叶建明
云南财经大学	陈　红
浙江大学	姚　铮
浙江工商大学	许永斌
郑州航空工业管理学院	张功富
中国人民大学	支晓强
中南财经政法大学	王雄元
中山大学	魏明海
中央财经大学	孟　焰
《中国会计评论》编委会	王立彦

《中国会计评论》在线投稿和管理系统开通公告

《中国会计评论》自加入"中国知网信息化服务采编系统",经过近十个月的沟通、设计、搭建和调试,终于进入开通阶段。采编系统平台于2016年下半年开始试运行,2017年正式全面运行。

非常希望听到作者、读者的使用反馈,尤其是改进建议。

《中国会计评论》在线投稿和管理系统简介

为了更好地服务投稿人和广大学者,《中国会计评论》在线投稿平台于2016年7月21日起正式开放运行,平台地址为 http://zkjp.cbpt.cnki.net/。试运行期间状况良好,并将在广泛接受意见的基础上不断地改进。

进入《中国会计评论》在线投稿和管理系统的主页(见下图),可以看到在线办公系统、在线期刊、下载中心、最新动态、友情链接、期刊信息六个主要模块,以及期刊介绍、理事会、编委会、投稿指南、实证会计会议、PhD工作机会、期刊征订、联系我们等入口,满足不同使用者的需求。

1. 在线办公系统

本模块包括专家审稿系统、编辑办公系统及作者投稿系统,根据使用者身份各自点击进入,在第一次使用时按照要求提供姓名、邮件、研究方向等信息并设置密码。完成注册后,使用者可以完成审稿(稿件分配、稿件下载、给予审稿意见和建议等)、投稿(填写投稿信息、上传稿件、查看审稿进度),以及编辑管理(查阅整理、分稿、联系专家作者、反馈意见等)工作。

2. 在线期刊

在本模块中,高级检索提供按照年、期(Issue)、作者(Author)、单位(Unit)、题目(Title)、摘要(Abstract)、关键词(Key Word)、分类号(Book Classification)等信息详细搜索期刊文章。摘要点击排行、全文下载排行、被引频次排行等板块提供按照不同标准进行的期刊文章排行信息。本期栏目和过往期刊浏览,分别给出详细的最新一期期刊,以及过往各期文章的详细信息和下载链接等。

3. 下载中心

本模块包含投稿人须重点关注的投稿须知,并且提供了标准的论文模板,为投稿人提供参考。出于尊重知识版权的目的,投稿人必须仔细阅读本模块中的著作权转让声明并签注。

4. 最新动态

本模块包含录用稿件信息,作者可以随时查询。PhD 工作机会则是结合期刊参与主办的"中国实证会计年会"及年会中的 job market 相关信息,为广大 PhD 毕业生提供宝贵的就业信息。

5. 友情链接

本模块给出《中国会计评论》总览用于读者、投稿人和广大专家学者更好地了解期刊。此外,提供《经济研究》《管理世界》《南开管理评论》《会计研究》《审计研究》等期刊链接,促进学术交流。工作论文部分会及时给出投稿工作论文信息,以助于学术交流。

6. 期刊信息

本模块包括期刊名称、创办日期、主管部门、主办单位、刊期、电话、E-mail 等期刊主要信息。

7. 链接窗口

系统主页根据作者的需求和期刊工作的需要,给出期刊介绍、理事会、编委会、投稿指南、实证会计会议、PhD 工作机会、期刊征订及联系我们等链接窗口。

(1) 期刊介绍。本链接窗口详细介绍《中国会计评论》的办刊宗旨、历史变革、理念思路等状况,以及文章的基本要求、投稿方式等。

(2) 理事会。本链接窗口详细介绍《中国会计评论》理事会(按大学、机构名称拼音字母排序)成员单位,以及各成员单位的主要负责人。

(3) 编委会。本链接窗口详细介绍《中国会计评论》编委会,包括名誉顾问、主编、编委、特邀编委、编辑部成员构成及编辑部地址等信息。

(4) 投稿指南。本链接窗口指明本刊以中文为主。海外学者可用英文投稿,本刊直接发表其英文稿件,或由本刊组织翻译成中文发表。中文稿在本刊发表后,作者可继续以英文发表。投稿时不必邮寄打印稿,提交 Word 或 PDF 格式的文章电子版(PDF 格式分别提供单独署名页和不含作者信息的文章主体部分)。稿件的匿名评审意见如果为可能采用,在收到稿件四个月之内通知作者进行修改;超过四个月没有联系时,作者可以自行处理。稿件如被录用,作者应提供可供编辑排版用的 Microsoft Word 格式电子文档。此外,还会给出详细的稿件格式要求。

(5) 实证会计会议。本链接窗口介绍自首届至各届中国实证会计国际研讨会的详细信息,包括主办地、主办单位、参与方式、会议主题、联系地址等。

(6) PhD 工作机会。本链接窗口包含首届会计学博士生招聘会将在上海举行、全国会计学博士招聘、海外招聘等重要博士就业机会信息。

(7) 期刊征订。本链接窗口介绍征订联系人和北京大学出版社详细地址等信息。

(8) 联系我们。本链接窗口说明期刊编辑部地址、邮编、电话、E-mail、出版社等信息,便于投稿人查阅。

中国会计评论

第 14 卷 第 4 期

(总第 46 期)

2016 年 12 月

目 录

文 章

产权性质、公益性捐赠与债务资本成本
　　——来自中国 A 股资本市场的经验证据
　　　　……………………… 吴良海　顾慧敏　章铁生　谢志华　(445)

管理层归因行为研究
　　——基于业绩预告修正的分析
　　　　……………………………………… 魏　哲　罗　婷　张海燕　(465)

官员主政关系、地域偏爱与政府补助
　　……………………………………………………… 陈运森　崔宸瑜　(483)

制度因素对会计质量和审计质量的影响
　　——基于中外合资企业的案例研究
　　　　……………………………………… 原红旗　娄　芳　曹　利　(515)

代理成本、所有权性质与会计信息可比性
　　……………………………………………… 袁振超　韦小泉　操　群　(537)

研发投入、管理层预期与营业成本粘性行为
　　——基于我国 A 股市场的实证研究
　　　　……………………………………… 赵　息　麻环宇　张　硕　(565)

CHINA ACCOUNTING REVIEW

Vol. 14　　No. 4

December, 2016

CONTENTS

Articles

Ownership Type, Charitable Donation and the Cost of Debt Capital:
Empirical Evidence from Chinese A-share Market
　……… Lianghai Wu　Huimin Gu　Tiesheng Zhang　Zhihua Xie　(445)

Management Attribution Behavior Research: Evidence from Management
Revised Forecasts ………… Zhe Wei　Ting Luo　Haiyan Zhang　(465)

Officials' Prior-Job Relationship, Regional Favoritism and Corporate
Subsidies ……………………… Yunsen Chen　Chenyu Cui　(483)

How Institutions Affects Accounting and Auditing Quality?
A Case Study of a Joint Venture Company
　………………………………… Hongqi Yuan　Fang Lou　Li Cao　(515)

Agency Cost, Ownership Nature and Financial Statement Comparability
　……………………… Zhenchao Yuan　Xiaoquan Wei　Qun Cao　(537)

R&D Investment, Managerial Expectation and Operating Cost Stickiness:
An Empirical Study Based on China's A-share Market
　……………………… Xi Zhao　Huanyu Ma　Shuo Zhang　(565)

产权性质、公益性捐赠与债务资本成本
——来自中国 A 股资本市场的经验证据

吴良海　顾慧敏　章铁生　谢志华*

摘　要　本文选择 2008—2014 年沪深 A 股上市公司作为研究样本,检验了公益性捐赠与企业债务资本成本的关系,结果显示,公益性捐赠额与企业债务资本成本呈倒"U"形关系。这意味着在企业捐赠额较少时,股价的"消极"影响使得债务资本成本随企业公益性捐赠的增加而增加,当捐赠额累积达到某一程度时,企业声誉资本的作用显现,此时公益性捐赠额的增加能够显著降低企业债务资本成本。考虑到国有企业捐赠更多的是履行政府"摊派"的社会责任,而非国有企业主要是期望通过社会责任的履行获取声誉资本及战略资源,本文进一步考察了产权性质对上述关系的影响,通过区分国有企业及非国有企业样本,运用似不相关回归进行 chow 检验,结果表明,公益性捐赠与企业债务资本成本的倒"U"形关系在非国有企业较为显著,在国有企业则较弱。本文的贡献在于:第一,发现了公益性捐赠与企业债务资本成本的倒"U"形关系,丰富了现有公益性捐赠经济后果的研究文献。第二,从企业产权角度阐明了公益性捐赠影响企业债务资本成本的作用机理并给出了相应的经验证据,为引导企业捐赠行为和提升企业价值提供了有益参考。第三,引入声誉机制探讨了声誉资本影响公益性捐赠与债务资本成本两者关系的机理所在,拓宽了从外部环境及企业治理研究企业债务资本成本的传统视角。

关键词　公益性捐赠　债务资本成本　产权性质　声誉资本

---

* 吴良海、顾慧敏、章铁生,安徽工业大学商学院;谢志华,北京工商大学商学院。通信作者:吴良海;地址:安徽省马鞍山市马向路新城东区安徽工业大学商学院会计系;邮编:243032;电话:13965622639;E-mail:agd2010@yeah.net。本文得到国家社会科学基金项目"制度约束下的信息透明度对企业投资效率的作用机理研究"(14BJY015)、国家社会科学基金重点项目"国有资本授权关系及实现模式研究"(14AJY005)、国家社会科学基金重大项目"国家治理视角下的国有资本经营预算制度研究"(14ZDA027)和国家自然科学基金项目"内部控制对信贷资源配置效率的影响机理研究:基于货币政策与银企关系的双重视角"(71402001)的资助。当然,文责自负。

Ownership Type, Charitable Donation and the Cost of Debt Capital: Empirical Evidence from Chinese A-share Market

LIANGHAI WU HUIMIN GU
TIESHENG ZHANG ZHIHUA XIE

Abstract This paper chooses the Chinese A-share companies listed in Shanghai and Shenzhen Stock Exchange from 2008 to 2014 as the research sample to test the relationship between the charitable donation and the cost of debt capital. The results show that the charitable donation and corporate debt capital cost presented an inverted "U" shaped relationship. This means that when the corporate donation level is low, the negative influence of the share price makes the debt capital cost increase with the increase of the charitable donation. When donations accumulate to a certain extent, the corporate's reputation capital become obvious, then the increase of the charitable donation can significantly reduce the cost of debt capital. Considering that state-owned enterprises' donate is usually to fulfill the social responsibility of the government "assignments" while the non-state-owned enterprises are mainly expected to accept reputation capital and strategic resources by carrying out social responsibility, this paper investigates the influence of ownership type, and divides the whole samples into state-owned enterprises and non-state-owned enterprises based on the chow test, the results show that the inverted "U" shaped relationship is obvious in the non-state-owned enterprises samples and is weak in the state-owned enterprises samples. The contributions of this paper are as follows: ① Find the inverted "U" shaped relationship between the charitable donation and the cost of debt capital, and enrich the existing literature about the economic consequences of the charitable donation. ② Clarify the mechanism of how the charitable donation influence the cost of debt capital and give the corresponding empirical evidence from the perspective of ownership type, provide some useful reference to guide the enterprise donation behavior and promote the enterprise value. ③ Based on reputation mechanism to test the influence of reputation capital on the relationship between the charitable donation and the cost of debt capital, open a new pattern to reduce the enterprise's cost of debt capital from the external environment and the combination of corporate governance.

Key words Charitable Donation; the Cost of Debt Capital; Ownership Type; Reputation Capital

一、引　言

在现代社会中,企业作为社会物质财富的创造者需要履行为社会创造利润、实现股东财富及企业价值最大化的目标,同时又需要承担对政府及社会公众等利益相关者的责任(潘奇等,2015),即所谓的社会责任。在转型经济期的中国社会,捐赠被逐渐当作企业履行社会责任最重要的方式之一。中科院公布的各年度《中国慈善发展报告》显示,社会大部分的捐赠额来自企业,且非国有企业占有较大比重。可以看出,企业在履行应尽义务的同时,还是社会责任履行的中坚力量。

公益性捐赠是企业无偿捐献其拥有资源的社会行为(McWilliams and Siegel,2001)。弗里德曼(1986)对捐赠做了如下阐述,即企业运用其所拥有的资源在法律许可范围内,从事的以提高其利润的行为。因此,捐赠也被视为履行国民经济第三次分配的职能,通过动员企业进行公益性捐赠实现社会物质财富资源优化配置,调节社会收入分配公平的作用。从这个意义上来说,企业捐赠对于促进社会公平、政局稳定具有重要的意义。同时,随着企业社会责任意识的增强,公益性捐赠已然成为企业履行社会责任的新潮流(钟宏武,2007)。从捐赠动机出发,企业作为理性经济人,在履行社会责任的同时也期待得到相应的回馈以增加其利润或减少支出。基于委托代理理论、契约理论及利润最大化理论,企业公益性捐赠一定程度上具有广告效应,给企业赢得诸如社会声誉、政治关联等隐性的战略性资源(杜兴强和杜颖洁,2010),从而使企业获得社会效应及经济效应。由此可见,企业捐赠对于创造企业利益最大化具有重要作用。

宋罡等(2013)从非正式制度环境差异角度探讨其对企业公益性捐赠的影响,Scott(1995)认为企业捐赠行为逻辑的起点是制度理性,企业会对于用规则合法性、规范合法性构建的制度环境所产生的各种压力做出理性的反应,而这种制度既包括正式制度又包括非正式制度。所谓正式制度,即为法律法规及契约等具有强制约束力的条文创造的一系列有意识的约束;而非正式制度是例如社会价值观念、道德观念及风俗习惯等社会长期发展无意识形成的成果(达斯古普特和张慧东,2005)。转型经济下的中国社会,政府行为对于市场经济参与者具有重要影响,同样,企业公益性捐赠也会受到强势政府的影响(张建君等,2005)。国有企业的社会捐赠往往来自"摊派"责任(杨团,2009),而民营企业更多的是来自非正式制度下因履行社会责任而获取声誉资本及战略资源的动机。

由于捐赠主体所有权的特殊性,不同性质的企业肩负的使命与承担的社会责任也存在差异,故而识别企业的产权性质对于研究捐赠动机及经济后果具有重要的意义。本文最终选取了11 460个中国A股上市公司样本,建立模型考察企业公益性捐赠与债务资本成本的关系。参考姜付秀和陆正飞(2006)对于债务资本成本的衡量方法,计算各公司的债务资本成本。基于捐赠额的绝对指标来衡量企业公益性捐赠水平,并进一步按照实际控制人性质将全样本划分为国有企业及非国有企业样本,对不同产权性质企业债务资本成本与公益性捐赠额的关系进行了进一步的实证研究。

本文的贡献在于:第一,发现企业公益性捐赠与企业债务资本成本呈现出倒"U"形关系,丰富了关于公益性捐赠经济后果的现有文献。第二,从企业产权角度阐明了公益性捐赠影响企业债务资本成本的作用机理并给出了相应的经验证据,为引导企业捐赠行为和提升企业价值提供有益参考。第三,结合声誉机制探讨了声誉资本影响公益性捐赠与债务资本成本两者关系的机理所在,拓宽了从外部环境及企业治理层面研究企业债务资本成本的传统视角。

二、文 献 综 述

(一)关于捐赠的研究

1. 关于捐赠动机的研究

目前国内外对企业捐赠动机的研究主要是基于委托代理理论、契约理论及利润最大化理论。Jensen and Meckling(1976)认为股东利益与企业管理层利益存在冲突。职业经理人在综合考虑企业利益的情况下可能会为了获得更高的社会地位等个人利益而倾向于捐赠企业资产(Galaskiewicz,1997;Godfrey,2005;高勇强等,2012)。Fich et al.(2009)实证检验了企业管理层慈善捐赠与为其经营业绩辩护动机的关系。然而更多的学者认为研究企业公益性捐赠的动机应当考虑利益相关者。Moon et al.(2005)基于社会契约理论视角认为企业与社会整体运行关系紧密。此外,企业捐赠能够将企业的经济利益与社会利益联系起来,引申出企业为了获得诸如社会声誉等战略性资源及政府的信任和政治联系而实施企业捐赠的动机(Porter and Kramer,2002;Godfrey,2005;朱敏等,2014)。企业捐赠形成的声誉资本所产生的社会效益能够有效降低企业的广告支出,且企业可以通过捐赠的抵税作用来实现企业利益的最大化(Boatsman et al.,1996)。

2. 关于声誉资本与捐赠经济后果的研究

关于企业公益性捐赠的经济后果主要是从实现企业经济利益最大化的角度研究的。由于股东享有对企业财富的剩余索取权,因此短期来看,公益性捐赠会减少企业分配给股东的财富,但从长远考虑,销售利润的提高、相关成本的减少及声誉资本的获得会增加企业未来现金流量,从而大大提高股东财富。公益性捐赠一定程度上具有广告的效果,Brown et al.(2006)发现捐赠额多的企业会给予消费者其社会责任感强、产品质量好的良好印象,从而能够提高销售业绩。公益性捐赠能够提高消费者对企业本身及其产品的态度(Pirsch et al.,2007),提高声誉资本(高勇强等,2012),增加消费者的购买意愿(卢东,2009)。刘海建(2013)认为企业公益性捐赠具有补偿性作用。当管理层侵害中小股东利益或企业存在破坏环境等违规违法行为造成企业公众形象下降后,企业通常通过捐赠来弥补声誉受损的影响。李诗田等(2014)实证检验了上市企业对声誉重视程度与其捐赠水平的显著正相关关系。Godfrey(2005)认为企业公益性捐赠能够增加其声誉资本,从而提高企业价值,良好的声誉有利于企业获得外部融资。

(二) 关于资本成本的研究

资本成本从宏观层面反映了一国资本市场的融资效率(罗进辉,2012);从微观层面看是企业管理层选择投资方案的重要依据。一个企业如果拥有较高的资本成本,则管理层在选择投资项目时会更加谨慎,从而可能减少企业的获利机会(Gao,2010)。债务资本成本具有衡量企业财务杠杆及评价项目可行性及盈利性的双重作用。企业合理降低资本成本是其追求经济利益的重要目标,合理、有效地利用债务融资,提高企业价值是实现企业利润最大化的重要途径。企业债务资本成本既包括显性成本又包括隐性成本(于富生和张敏,2007)。其中,显性成本是指约定支付的利息及相关费用合计,隐性成本包括因为信息不对称及违约等道德风险,债权人要求的风险溢价的额外补偿。有学者对影响债务资本成本的因素进行研究,发现企业董事会独立性的提高可以有效降低债务资本成本(Bharath,2008);企业盈利能力较强、规模较大、成长性较好、财务风险及经营风险较低,其债务资本成本相对较低(Bhojraj and Sengupta,2003)。以上是基于企业内部影响因素考察如何降低企业资本成本。近年来已有文献从企业外部声誉层面分析了如何有效降低企业资本成本,如罗进辉(2012)实证检验了媒体报道能够显著降低中国上市公司的债务资本成本。然而关于债务资本成本外部影响因素的文献并不多,本文将从声誉资本层面探讨企业公益性捐赠对于债务资本成本的影响。

三、理论分析与研究假设

Coase(1937)在《企业的性质》一文中首次从契约理论的角度对企业性质进行考察。Coase认为企业是一个不完备的契约组合,存在机会主义、外部环境不确定性及复杂性、寻租行为及信息不对称等各种问题。由于企业作为不完全契约的主体存在较为严重的信息不对称问题,Jensen and Meckling(1976)认为债权人与股东以及股东与管理者均存在代理冲突。债务契约是指包含支付本金及利息、抵押和担保等条款的契约,其中的信息不对称问题主要体现在签约前由于信息不对称导致的逆向选择问题及签约后由于信息不对称导致的道德风险问题(张晓玲,2012)。在签约之前,作为债务人的企业相对于债权人掌握更多的企业信息,因此,会采取相关措施降低风险,如在借款期限上进行限制,缩短债务期限;更主要的是在利率方面考虑风险溢价的影响,从而弥补可能造成的企业不能偿债的风险。签约后的信息不对称问题主要体现在企业并非按照协议约定的用途使用资金,而对风险更大的项目进行投资,使得债权人要承担企业无法偿债的风险,即存在道德风险的问题。根据风险与收益相匹配的基本原则,投资者要求的资本成本也会随着其所面临风险的增加而提高(罗进辉,2012)。

声誉被认为是保证契约履行的重要机制。研究表明,声誉机制能够起到监督企业管理层经营行为的作用(李培功和沈艺峰,2010),同时有助于减少债权人获取全面而详细的企业信息的成本,从而起到有效降低投资者面临的由于信息不对称带来信息风险的作用(罗进辉,2012;Fang and Peress,2009)。Fombrun(1995)将企业声誉定义为企业对其所有利益相关者的综合吸引力。叶康涛等(2010)认为经济行为人可以通过塑造良好的声誉来获得较高的声誉收益。对于上市公司而言,声誉资本能够有效提高公司股价,从而实现其利润最大化。公益性捐赠额较多的企业较容易通过积极履行社会责任的行为获得良好的声誉。由于企业公益性捐赠是无偿捐献其所拥有资源的行为,因此相对于从未进行过公益性捐赠的企业来说,乐于进行公益性捐赠的企业一方面会向债权人传递其偿债能力较强、财务状况及经营状况较好的信息;另一方面能够给社会公众留下其积极履行社会责任、富有责任感的良好形象,从而能够增强债权人对它的信任程度,认为其出现逆向选择和道德风险问题的可能性更小。基于以上两个方面,企业债务风险溢价相对较低,因而企业债务资本成本较低。从一定意义上来说,在声誉机制的作用下,企业公益性捐赠能够提高其声誉资本进而有效降低债务资本成本。

然而,在企业捐赠额较少且未形成声誉资本时,企业营业外支出金额会随着捐赠额的增加而增加(曹越等,2015)。由于股东仅仅对企业利益享有剩余所有权,因此当管理层出于其自身获得更高社会地位及企业长远声誉资本选择进行公益性捐赠时,因侵害到股东利益,并不能得到股东的理解和支持,导致短期内企业股价降低。由于我国资本市场仍处于弱势有效市场且存在不完全契约与信息不对称的问题,因此对于股价的变动,由于不能获取企业真实的内在信息,债权人会误认为该企业财务状况较差,故而企业在选择债务融资时会面临因风险溢价增加而使得债务资本成本更高的状况。直到捐赠达到最佳捐赠额,企业声誉资本显现,超过了由于股价下降而使企业债务资本成本增加的影响时,企业公益性捐赠降低企业债务资本成本的作用才会显现。因而,企业公益性捐赠与债务资本成本两者之间呈现倒"U"形关系(见图1)。基于上述分析,提出本文假设1。

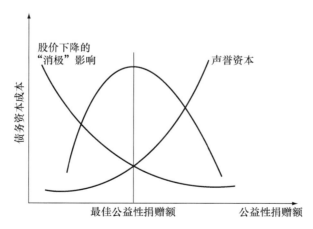

图 1　公益性捐赠与债务资本成本的倒"U"形关系

假设 1　在其他条件不变的情况下,企业公益性捐赠较少时,债务资本成本随公益性捐赠的增加而增加;当捐赠达到一定程度时,公益性捐赠额的增加能够显著降低企业债务资本成本。公益性捐赠额与债务资本成本呈现倒"U"形关系。

寻租理论认为,企业有强烈的意愿通过企业行为影响政治环境获取"租金"。钟宏武(2007)认为中国社会企业捐赠的动机是向政府寻租。企业公益性捐赠的动机影响企业行为,汪佑德和汪攀攀(2013)认为由于中国民营企业"先天不足",不能与"出身高贵"的国有企业一拼高下,因此为了弥补这种"先天不足"的弱势,民营企业更愿意通过参与社会活动来建立和积聚其社会资本。而公益性捐赠越来越成为民营企业热衷于选择的社会活动,主要原因在于其不仅参与方式简单且能够快速形成良好的社会效应,从而降低企业交易成本,实现企业价值最大化的目标。在我国金融体系构成中,国有银行拥有较多的金融资源,占据主导地位;另外,国有企业拥有较强的还款能力及较高的商业信用保障程度,因此对于非国有企业来说,其债务资本成本可能会相对高于国有企业。依据资源依赖理论,企业都需要从外部环境中交换以获得自身发展所需要的资源,非国有企业出于弥补其"先天不足"、缓解自身所面临的融资约束及高债务资本成本的目的,希望在履行社会责任方面"慷慨解囊",以获得更高的声誉资本,从而降低其债务资本成本。

由于国有企业面临的公众社会责任的期待更高,中国国有企业的捐赠额中存在大量的政府"公益摊派"现象(杨团,2009);而民营企业更可能具有"自愿"的性质(郭剑花,2012;潘奇和张群祥,2014)。地方政府为了实现改善地方社会福利、提升官员政治业绩的目的,会利用其政治权利实现政治目标。而国有企业则具有"义不容辞"的责任,在助推地方经济发展的同时,助力地方政府实现对国民经济进行第三次分配,促进地方经济发展与社会稳定。因而相比于非国有企业,国有企业的捐赠额与债务资本成本的关系可能并不显著。

考虑到国有企业捐赠的动机有别于非国有企业降低债务资本成本的需要,即不同产权性质下,捐赠动机差异使得公益性捐赠额对债务资本成本的影响存在差异。基于上述分析,提出本文假设2。

假设2 在其他条件不变的情况下,相比于国有企业,非国有企业公益性捐赠额与债务资本成本的上述倒"U"形关系更显著。

四、研究设计

(一)样本选择及数据来源

为保证所选取样本的准确性及合理性,本文选取2008—2014年中国A股全部上市公司数据作为初始数据,后进行以下调整:① 由于金融保险业债务资本成本与一般企业存在差异,故本文剔除了金融保险业公司样本;② 剔除了财务数据缺失的上市公司样本;③ 剔除了ST、PT的上市公司样本。最终选取了

11 460个中国 A 股上市公司样本。同时,按照实际控制人性质将全样本划分为国有企业及非国有企业,其中国有企业为 4 843 个观测数,非国有企业为 6 617 个观测数。为了消除极端值对研究结论可能的影响,本文对模型中的连续变量做了 1% 水平的 Winsorize 处理。

本文中企业公益性捐赠数据来源于 CSMAR 数据库中的企业社会责任数据库,企业债务融资成本数据通过查阅中国人民银行(http://www.pbc.gov.cn/)短期贷款利率和长期贷款利率及 CSMAR 数据库中的税率计算得到。企业多元化数据由 Wind 数据库中营业收入比例计算得到。企业产权性质、财务数据及其他相关数据,均来自 CSMAR 数据库。基于 Excel 和 STATA13 进行数据合并与统计分析。

(二) 研究模型和变量定义

本文主要研究企业公益性捐赠与企业债务资本成本的关系,并进一步探讨在中国制度背景下,产权性质对于企业公益性捐赠与企业债务资本成本关系的影响。故本文进行了以下实证研究:一是检验企业公益性捐赠额对于企业债务资本成本的影响,二是依据不同产权性质分组检验企业公益性捐赠与债务资本成本的关系。具体的模型设计和变量定义如下:

全样本检验

$$\begin{aligned}\text{cost} = &\ a_0 + a_1 \times \text{donate} \times \text{donate} + a_2 \times \text{donate} + a_3 \times \text{ei} + a_4 \times q + a_5 \times \text{cs10} + \\ &\ a_6 \times \text{dual} + a_7 \times \text{lnsalary} + a_8 \times \text{idr} + a_9 \times \text{size} + a_{10} \times \text{lev} + a_{11} \times \text{dfl} + \\ &\ a_{12} \times \text{cr} + a_{13} \times \text{roe} + a_{14} \times \text{soe} + \sum \text{Year} + \sum \text{Ind} + \eta \end{aligned} \quad (1)$$

国有企业样本检验

$$\begin{aligned}\text{cost\_n} = &\ b_0 + b_1 \times \text{donate\_n} \times \text{donate\_n} + b_2 \times \text{donate\_n} + b_3 \times \text{ei\_n} + \\ &\ b_4 \times \text{q\_n} + b_5 \times \text{cs10\_n} + b_6 \times \text{dual\_n} + b_7 \times \text{lnsalary\_n} + \\ &\ b_8 \times \text{idr\_n} + b_9 \times \text{size\_n} + b_{10} \times \text{lev\_n} + b_{11} \times \text{dfl\_n} + \\ &\ b_{12} \times \text{cr\_n} + b_{13} \times \text{roe\_n} + \sum \text{Year} + \sum \text{Ind} + \varphi \end{aligned} \quad (2)$$

非国有企业样本检验

$$\begin{aligned}\text{cost\_p} = &\ c_0 + c_1 \times \text{donate\_p} \times \text{donate\_p} + c_2 \times \text{donate\_p} + c_3 \times \text{ei\_p} + \\ &\ c_4 \times \text{q\_p} + c_5 \times \text{cs10\_p} + c_6 \times \text{dual\_p} + c_7 \times \text{lnsalary\_p} + \\ &\ c_8 \times \text{idr\_p} + c_9 \times \text{size\_p} + c_{10} \times \text{lev\_p} + c_{11} \times \text{dfl\_p} + \\ &\ c_{12} \times \text{cr\_p} + c_{13} \times \text{roe\_p} + \sum \text{Year} + \sum \text{Ind} + \delta \end{aligned} \quad (3)$$

其中,donate_p 代表非国有企业捐赠额,cost_p 代表非国有企业资本成本,

donate_n 代表国有企业捐赠额,cost_n 代表国有企业捐赠额。

回归方程使用全样本数据,利用模型(1)观测企业公益性捐赠与企业债务资本成本的关系,用于检验假设 1。再区分产权性质,利用模型(2)及模型(3)检验国有企业及非国有企业公益性捐赠与企业债务资本成本的关系,用于检验假设 2。

本文中被解释变量为企业债务资本成本。企业债务资本成本的主要测算方法有:(1) 李广子和刘力(2009)、魏志华等(2012)以及郑军等(2013)分别采用利息支出加上手续费支出及其他财务费用占期末总负债的比重,以及企业财务费用占期末总负债的比重两种测算方法考察企业债务融资成本,然而这两种方法只考虑了企业费用化的债务资本成本而忽略了企业资本化的债务资本成本,故存在一定偏差。(2) 陈汉文和周中胜(2014)用企业发生的利息支出除以企业总的银行借款(短期借款和长期借款之和)来度量企业获得的银行债务融资成本,这种方法忽略了不直接发生利息支出的那部分负债,并且也未考虑长短期负债的利率差异对债务融资成本的影响。(3) 姜付秀和陆正飞(2006)利用 CAPM 模型计算总资本成本时采用考虑了长短期借款规模及资本结构的测算方法计算加权债务资本。其中,短期负债选用资产负债表中的短期借款,长期负债剔除了不需要计付利息的负债,具体采用资产负债表中一年内到期的长期借款、应付债券、长期借款、长期应付款及其他长期负债项目之和。本文选用姜付秀和陆正飞(2006)计算债务资本成本的方法。具体计算债务资本成本的公式为:

$$\text{cost} = B_L/(B_L + B_S + E) \times K_{dl} \times (1-t) + B_S/(B_L + B_S + E) \times K_{ds} \times (1-t) \quad (4)$$

本文的解释变量为企业公益性捐赠。学术界对于捐赠额的测算主要采取两种方法,即绝对指标测量和相对指标测量。本文借鉴相关文献利用捐赠额的绝对指标进行观测,为了有效降低数据分布的异方差性,对捐赠额取对数处理。

本文的控制变量包括:

(1) 企业的多元化程度。借鉴姜付秀和陆正飞(2006)计算多元化的方法,分别用收入 Herfindahl 指数(hhi)和收入熵(ei)来测算。其中,$hhi = \sum p_i \times p_i$,$p_i$ 代表企业分行业的收入比例,hhi 指数越高,表明多元化程度越低。$ei = \sum p_i \times \ln(1/p_i)$,收入熵越高,表明多元化程度越高。

(2) 净资产收益率(roe)。用净资产收益率来衡量企业盈利能力,一般认为企业盈利能力越强,对债权人越有保障,债务资本成本可能越低。预计净资产收益率与企业债务资本成本负相关。

（3）公司治理结构。本文用股权集中度（cs10）、高管前三名薪酬总额的自然对数（lnsalary）、独立董事比例（idr）及董事长与总经理兼任情况（dual）来衡量公司治理结构。预计股权集中度越低，独立董事比例越高、董事长与总经理两职分离，则公司治理结构更为完善（郑杲娉和徐永新，2011），公司债务资本成本可能更低。同时，从薪酬方面考虑高管人员在公司中享有的权利，作为衡量公司治理结构的替代变量。预计公司治理结构与企业债务资本成本负相关。

（4）公司成长能力（托宾q）。姜付秀和陆正飞（2006）指出，成长能力强的企业未来面临的不确定性因素越多，对债权人的保障程度相对较低，因此，企业会对债权人做出一定的风险补偿导致其债务资本成本升高，因此预计其与债务资本成本负相关。

（5）企业规模（size）。陈宏辉和王鹏飞（2010）研究发现，规模越大的企业捐赠数额越多。李胜楠等（2015）认为大型企业更加注重利益相关者及企业形象。本文用资产负债表中的总资产取对数替代企业规模。预计企业规模与债务资本成本负相关。

（6）流动比率（cr）。企业资产流动性与企业现金捐赠水平显著正相关（李胜楠等，2015；Rynes et al.，2003）。预计流动比率与债务资本成本负相关。

（7）财务风险（lev）。企业财务风险越高，债权人要求获得的回报越高，以作为风险补偿，因此债务资本成本升高。预计两者正相关。

（8）产权性质（soe）。依据我国特殊的国情，将A股全部上市公司划分为国有企业及非国有企业。预计不同产权性质企业的债务资本成本存在差异。

（9）年份（year），设置为虚拟变量，以控制不可观测的年度影响。

（10）行业（ind）。设置行业虚拟变量，以控制行业效应。具体变量定义见表1。

表1 变量定义

变量名称	变量符号	变量计算
债务资本成本	cost	短期债务资本成本×短期债务比重×（1－税率）＋长期债务资本成本×长期债务比重×（1－税率）
公益性捐赠	lndonate	企业当年捐赠额取自然对数
多元化水平	hhi/ei	分别采用收入Herfindahl指数（hhi）和收入熵（ei）测算
产权性质	soe	国有企业赋值为1，非国有企业赋值为0

(续表)

变量名称	变量符号	变量计算
企业财务与公司治理	cs10	取公司前十大股东持股比例之和
	lnsalary	高管薪酬的前三名总额取自然对数
	idr	独立董事比例
	dual	董事长与总经理兼任情况
	q	托宾 q，等于市值/资产总计
	roe	净资产收益率=净利润/股东权益平均余额
	size	企业规模=ln(总资产)
	lev	企业财务杠杆，衡量财务风险
	cr	流动比率=流动资产/流动负债
年份与行业控制	year	年度虚拟变量
	ind	行业虚拟变量，根据证监会《上市公司行业分类指引》，将样本公司归属为21个行业分类(不含金融行业)，其中制造业细分到二级代码

五、实证结果及分析

本部分检验企业公益性捐赠与企业债务资本成本的关系。

1. 描述性统计

表2是描述性统计的结果。lndonate是按照公益性捐赠额取对数计算出的绝对数。可以看出，全样本计算出的公益性捐赠额绝对数的平均值为1.416。其中，最大值和最小值分别为16.30和0,说明企业公益性捐赠水平存在较大差异。从描述性统计结果来看，不同产权性质企业参与公益性捐赠的水平及债务资本成本都存在较大差异。从企业公益性捐赠的均值来看，国有企业为1.856，非国有企业为1.094,产生差异的原因可能是国有企业面临地方政府的"捐赠摊派"，需要履行更多的社会责任;而非国有企业捐赠具有相对自由裁量性,因而公益性捐赠的均值低于国有企业。从债务资本成本来看,全样本cost的平均值为1.265。非国有企业债务资本成本显著低于国有企业债务资本成本，从而初步验证了假设2。

表2 主要变量的描述性统计

变量名	全样本			国有企业样本			非国有企业样本		
	观测值	平均值	标准差	观测值	平均值	标准差	观测值	平均值	标准差
cost	11 460	1.265	1.148	4 843	1.564	1.211	6 617	1.046	1.047
lndonate×lndonate	11 460	20.080	61.570	4 843	26.410	69.780	6 617	15.450	54.340
lndonate	11 460	1.416	4.252	4 843	1.856	4.792	6 617	1.094	3.776

(续表)

变量名	全样本			国有企业样本			非国有企业样本		
	观测值	平均值	标准差	观测值	平均值	标准差	观测值	平均值	标准差
q	11 460	1.990	1.639	4 843	1.513	1.376	6 617	2.339	1.726
ei	11 460	0.383	0.453	4 843	0.455	0.471	6 617	0.329	0.431
hhi	11 460	0.786	0.251	4 843	0.748	0.258	6 617	0.814	0.241
cs10	11 460	58.310	16.120	4 843	56.890	16.010	6 617	59.350	16.120
dual	11 460	0.767	0.423	4 843	0.902	0.297	6 617	0.668	0.471
lnsalary	11 460	14.020	0.710	4 843	14.080	0.693	6 617	13.970	0.718
idr	11 460	0.370	0.052	4 843	0.366	0.053	6 617	0.372	0.052
size	11 460	21.830	1.229	4 843	22.360	1.305	6 617	21.440	1.005
lev	11 460	0.434	0.217	4 843	0.516	0.196	6 617	0.374	0.212
dfl	11 460	1.497	1.305	4 843	1.688	1.535	6 617	1.357	1.085
cr	11 460	2.743	3.486	4 843	1.669	1.762	6 617	3.529	4.161
roe	11 460	0.102	0.081	4 843	0.100	0.083	6 617	0.103	0.079
soe	11 460	0.423	0.494						

2. 回归分析

针对假设1及假设2，采用企业捐赠当期的全样本与当期的债务资本成本进行回归（见表3），结果显示lndonate×lndonate的符号在1%的水平下显著为负，而lndonate的符号在1%的水平下显著为正。表明企业公益性捐赠与当期债务资本成本呈倒"U"形关系，即起初企业债务资本成本随着公益性捐赠额的增加而提高，而当捐赠达到一定规模后，债务资本成本随着公益性捐赠额的增加而下降。基于不同产权性质的企业样本，采用企业捐赠当期的数据考察当期的债务资本成本（cost）进行回归，非国有企业lndonate×lndonate的符号在1%的水平上显著为负，lndonate的符号在1%的水平下显著为正；国有企业lndonate×lndonate的符号为负，lndonate的符号为正，但不显著。本文又进一步利用似不相关回归考察国有企业及非国有企业公益性捐赠与债务资本成本的关系，发现两者存在显著差异。

表3 公益性捐赠与企业债务资本成本的回归结果与chow检验

解释变量	被解释变量：cost			chow检验 Prob>chi2
	全样本	国有企业样本	非国有企业样本	
lndonate×lndonate	−0.0030***	−0.0017	−0.0057***	0.0148**
	(−3.30)	(−1.23)	(−4.54)	(5.94)
lndonate	0.0450***	0.0309	0.0788***	0.0431**
	(3.40)	(1.58)	(4.39)	(4.09)

(续表)

解释变量	被解释变量:cost			chow 检验 Prob>chi2
	全样本	国有企业样本	非国有企业样本	
q	−0.0468***	−0.0342***	−0.0457***	0.4883
	(−8.32)	(−2.91)	(−7.62)	(0.48)
hhi	0.0128	0.1069**	−0.0615*	0.0022***
	(0.48)	(2.34)	(−1.95)	(9.36)
cs10	−0.0002	−0.0033***	0.0019***	0.0000***
	(−0.52)	(−4.14)	(3.76)	(28.90)
dual	0.0041	0.0918**	−0.0047	0.0179**
	(0.26)	(2.43)	(−0.30)	(5.61)
lnsalary	−0.0748***	−0.0769***	−0.0398***	0.7856
	(−6.75)	(−3.74)	(−5.66)	(0.07)
idr	0.1624	0.3719*	0.0029	0.1537
	(1.31)	(1.70)	(0.02)	(2.04)
size	0.0920***	0.0764***	0.1226***	0.0216**
	(10.77)	(5.49)	(11.17)	(5.28)
lev	3.8523***	4.1529***	3.6395***	0.0007***
	(79.10)	(47.16)	(64.42)	(11.56)
dfl	0.1040***	0.0599***	0.1593***	0.0000***
	(18.16)	(6.93)	(20.80)	(19.16)
cr	0.0258***	0.0313***	0.0224***	0.0811*
	(10.65)	(3.96)	(9.57)	(3.04)
roe	−0.0816	−0.3783**	0.1370	0.0862*
	(−0.85)	(−2.30)	(1.21)	(2.94)
soe	0.1772***			
	(11.70)			
year	控制	控制	控制	控制
ind	控制	控制	控制	控制
截距	−1.5548***	−0.7151	−1.9319***	0.0621*
	(−5.58)	(−1.13)	(−6.84)	(3.48)
N	11 460	4 843	6 617	
adj.R^2	0.6488	0.5933	0.6857	
F	517.31	182.13	371.03	

注:*、**、***分别表示在10%、5%和1%的水平下显著。

六、稳健性检验

(一) 基于面板数据模型的稳健性检验

考虑到存在异方差、自相关及遗漏变量等问题,本文采取面板数据模型检验企业公益性捐赠与债务资本成本的关系(见表 4),发现结论与前述一致,结果较为稳健。

表 4　面板数据模型的稳健性检验

	(1) OLS_robust	(2) FGLS	(3) FGLS_robust	(4) RE	(5) BE
lndonate×lndonate	−0.168***	−0.168***	−0.121***	−0.082*	−0.312**
	(−2.63)	(−3.27)	(−5.74)	(−1.83)	(−2.28)
lndonate	0.177***	0.177***	0.128***	0.087**	0.325**
	(2.83)	(3.46)	(6.21)	(1.97)	(2.38)
q	−0.101***	−0.101***	−0.073***	−0.113***	−0.103***
	(−8.36)	(−13.31)	(−30.26)	(−15.64)	(−6.54)
ei	−0.012	−0.012**	−0.004***	−0.008	−0.017
	(−1.26)	(−2.04)	(−2.66)	(−1.12)	(−1.56)
cs10	0.005	0.005	0.003	0.027***	0.014
	(0.53)	(0.86)	(1.51)	(3.34)	(1.23)
dual	0.004	0.004	0.004**	0.006	0.005
	(0.46)	(0.64)	(2.36)	(0.88)	(0.45)
lnsalary	−0.080***	−0.080***	−0.073***	−0.070***	−0.046***
	(−6.90)	(−11.64)	(−37.98)	(−8.30)	(−3.50)
idr	−0.001	−0.001	−0.000	−0.005	0.004
	(−0.11)	(−0.17)	(−0.16)	(−0.72)	(0.39)
size	0.094***	0.094***	0.091***	0.055***	0.088***
	(5.67)	(10.27)	(26.38)	(4.70)	(5.00)
lev	0.676***	0.676***	0.710***	0.731***	0.621***
	(36.48)	(74.96)	(190.36)	(69.26)	(35.73)
dfl	0.142***	0.142***	0.141***	0.056***	0.272***
	(9.32)	(21.28)	(29.49)	(9.36)	(18.02)
cr	0.065***	0.065***	0.070***	0.060***	0.076***
	(9.36)	(8.70)	(46.61)	(7.61)	(5.41)
roe	0.018	0.018***	0.005*	0.030***	0.014
	(1.50)	(2.66)	(1.74)	(4.80)	(0.86)
soe	0.052***	0.052***	0.046***	0.042***	0.045***
	(4.41)	(7.90)	(20.04)	(3.92)	(3.90)
N	11 460	11 460	11 460	11 460	11 460
adj. R^2	0.615				0.714

注:*、**、*** 分别表示在 10%、5% 和 1% 的水平下显著。

(二)基于 Tobit 模型的稳健性检验

作为自变量的企业公益性捐赠额和因变量企业债务资本成本均取正数,为有偏度的分布,因此本文采用有边界的 Tobit 模型进行稳健性检验(见表 5),发现结论与前述一致,结果较为稳健。

表 5　公益性捐赠与企业债务资本成本关系的 Tobit 稳健性检验

解释变量	被解释变量：cost			chow 检验 Prob>chi2
	全样本	国有企业	非国有企业	
lndonate×lndonate	−0.0038***	−0.0023	−0.0068***	0.0127**
	(−3.70)	(−1.60)	(−4.62)	(6.45)
lndonate	0.0561***	0.0405*	0.0940***	0.0378**
	(3.79)	(1.95)	(4.47)	(4.31)
q	−0.0698***	−0.0510***	−0.0671***	0.4253
	(−10.47)	(−3.93)	(−9.05)	(0.64)
hhi	0.0169	−0.0439*	0.0642***	0.0010***
	(1.01)	(−1.65)	(3.07)	(10.77)
cs10	−0.0002	−0.0035***	0.0024***	0.0000***
	(−0.40)	(−4.21)	(4.03)	(31.83)
dual	0.0019	0.0808**	−0.0092	0.0433**
	(0.11)	(2.01)	(−0.48)	(4.08)
lnsalary	−0.0830***	−0.0724***	−0.0378***	0.5868
	(−6.61)	(−3.32)	(−6.02)	(0.30)
idr	0.0881	0.3723	−0.1054	0.0955*
	(0.62)	(1.61)	(−0.62)	(2.78)
size	0.1022***	0.0833***	0.1413***	0.0084***
	(10.61)	(5.61)	(10.94)	(6.94)
lev	3.9670***	4.2373***	3.7748***	0.0056***
	(71.07)	(44.34)	(55.99)	(7.67)
dfl	0.1001***	0.0566***	0.1581***	0.0000***
	(15.76)	(6.20)	(17.95)	(18.44)
cr	−0.0109***	−0.0088	−0.0098***	0.9126
	(−3.26)	(−0.89)	(−2.91)	(0.01)
roe	−0.1139	−0.4234**	0.1054	0.1041
	(−1.05)	(−2.42)	(0.79)	(2.64)
soe	0.1985***			
	(11.69)			
ind	控制	控制	控制	控制
year	控制	控制	控制	控制
截距	−1.7730***	−1.5367***	−2.4715***	0.0883*
	(−7.64)	(−4.14)	(−8.41)	(2.90)
Sigma 截距	0.7473***	0.8103***	0.6668***	
	(137.78)	(93.47)	(101.15)	
N	11 460	4 843	6 617	

注：*、**、*** 分别表示在 10%、5% 和 1% 的水平下显著。

(三) 缓解内生性的稳健性检验

考虑到企业捐赠对于企业债务资本成本存在滞后效应,同时为了缓解可能存在的内生性等问题,采用将债务资本成本前导一期(cost1_t1)来探讨其与企业公益性捐赠的关系,结果与采用当期数据进行检验得到的结果一致。

七、结　论

企业捐赠行为是多因素综合作用的结果(潘奇和张群祥,2014)。本文从企业公益性捐赠的动机出发,探讨我国企业公益性捐赠与债务资本成本的关系及原因,并从我国资本市场转型期实际出发,着重探讨了不同产权性质下两者关系的差异,进一步从捐赠动机方面解释了国有企业和非国有企业公益性捐赠与债务资本成本关系差异的形成原因。相关经验证据验证了理论分析,以2008—2014年共计11 460个上市公司数据为样本,研究发现公益性捐赠额与企业债务资本成本呈倒"U"形关系。这意味着在企业捐赠额较少时,股价的"消极"影响使得债务资本成本随企业公益性捐赠的增加而增加,当捐赠额累积达到某一程度时,企业声誉资本的作用显现,此后公益性捐赠额的增加能够显著降低企业的债务资本成本。考虑到国有企业捐赠更多的是履行政府"摊派"的社会责任,而非国有企业主要是期望通过履行社会责任获取声誉资本及战略资源,本文进一步考察了产权性质对上述关系的影响,通过区分国有企业及非国有企业样本,运用似不相关回归进行chow检验,结果表明,公益性捐赠与企业债务资本成本的倒"U"形关系在非国有企业较为显著,而在国有企业较弱。

本文的研究丰富了有关公益性捐赠经济后果的研究文献,并通过结合企业声誉资本探讨了公益性捐赠对于不同产权性质企业债务资本成本的影响,拓宽了从外部环境及企业治理维度研究企业资本成本的传统视角,同时通过对社会责任的探讨,明确了不同产权性质企业的社会责任目标,传递了积极履行社会责任的"正能量"。

参 考 文 献

[1] 曹越、姚位燕、张肖飞,2015,大股东控制、股权制衡与企业公益性捐赠,《中南财经政法大学学报》,第1期,第132—140页。

[2] 陈汉文、周中胜,2014,内部控制质量与企业债务融资成本,《南开管理评论》,第3期,第103—111页。

[3] 陈宏辉、王鹏飞,2010,企业慈善捐赠行为影响因素的实证分析——以广东省民营企业为例,《当代经济管理》,第8期,第17—24页。

[4] 达斯古普特、张慧东,2005,《社会资本:一个多角度的观点》,北京:中国人民大学出版社。

[5] 杜兴强、杜颖洁,2010,公益性捐赠、会计业绩与市场绩效:基于汶川大地震的经验证据,《当代财经》,第2期,第113—122页。

[6] 弗里德曼,1986,《资本主义与自由》,北京:商务印书馆。

[7] 高勇强、陈亚静、张云均,2012,"红领巾"还是"绿领巾":民营企业慈善捐赠动机研究,《管理世界》,第8期,第106—114页。

[8] 郭剑花,2012,中国企业的捐赠:自愿抑或摊派?——基于中国上市公司的经验证据,《财经研究》,第8期,第49—59页。

[9] 姜付秀、陆正飞,2006,多元化与资本成本的关系——来自中国股票市场的证据,《会计研究》,第6期,第48—55页。

[10] 李广子、刘力,2009,债务融资成本与民营信贷歧视,《金融研究》,第12期,第137—150页。

[11] 李培功、沈艺峰,2010,媒体的公司治理作用:中国的经验证据,《经济研究》,第4期,第14—27页。

[12] 李胜楠、曹思霞、刘一璇,2015,论企业捐赠的"真实身份"——企业捐赠研究述评,《管理现代化》,第4期,第127—129页。

[13] 李诗田、宋献中,2014,声誉机制、代理冲突与企业捐赠——基于中国上市公司的实证研究,《经济经纬》,第4期,第92—97页。

[14] 刘海建,2013,制度环境、组织冗余与捐赠行为差异:在华中外资企业捐赠动机对比研究,《管理评论》,第8期,第77—91页。

[15] 卢东,2009,消费者对企业社会责任的反应研究,西南交通大学论文。

[16] 罗进辉,2012,媒体报道的公司治理作用——双重代理成本视角,《金融研究》,第10期,第153—166页。

[17] 潘奇、张群祥,2014,企业会坚持做慈善吗?——捐赠经历与捐赠行为关系的实证研究,《财经研究》,第9期,第16—25页。

[18] 潘奇、朱一鸣、林枫,2015,两难困境下国有企业最优捐赠策略——基于产权性捐赠差异及其绩效的实证发现,《中国工业经济》,第9期,第145—160页。

[19] 宋罡、江炎骏、徐勇,2013,企业捐赠行为的影响因素:社会资本视角下的实证研究,《财经论丛》,第2期,第107—111页。

[20] 汪佑德、汪攀攀,2013,我国民营企业捐赠的政治动机研究,《求索》,第8期,第229—231页。

[21] 魏志华、王贞洁、吴育辉等,2013,金融生态环境、审计意见与债务融资成本,《审计研究》,第3期,第98—105页。

[22] 杨团,2009,《中国慈善发展报告》,北京:社会科学文献出版社。

[23] 叶康涛、张然、徐浩萍,2010,声誉、制度环境与债务融资——基于中国民营上市公司的证据,《金融研究》,第8期,第171—183页。

[24] 于富生、张敏,2007,信息披露质量与债务成本——来自中国证券市场的经验证据,《审计与经济研究》,第22卷第5期,第93—96页。

[25] 张建君、张志学,2005,中国民营企业家的政治战略,《管理世界》,第7期,第94—105页。

[26] 张晓玲,2012,政治关联债务契约有效性分析,西南财经大学论文。
[27] 郑杲娉、徐永新,2011,慈善捐赠、公司治理与股东财富,《南开管理评论》,第 2 期,第 92—101 页。
[28] 郑军、林钟高、彭琳,2013,货币政策、内部控制质量与债务融资成本,《当代财经》,第 9 期,第 118—128 页。
[29] 钟宏武,2007,《慈善捐赠与企业绩效》,北京:经济管理出版社。
[30] 朱敏、施先旺、郭艳婷,2014,企业社会责任动机:于公还是于私——基于中国上市公司盈余质量的经验证据,《山西财经大学学报》,第 11 期,第 87—99 页。
[31] Bharath, S. T., J. Sunder and S. V. Sunder, 2008, Accounting quality and debt contracting, *Accounting Review*, 83(1), 1—28.
[32] Bhojraj, S. and P. Sengupta, 2003, The effect of corporate governance mechanisms on bond ratings and yields: The role of institutional investors and outside directors, *Journal of Business*, 76(3), 455—476.
[33] Boatsman, J. R. and S. Gupta, 1996, Taxes and corporate charity: Empirical evidence from Micro level panel date, *National Tax Journal*, 49(2), 193.
[34] Brown, W. O., E. Helland and J. K. Smith, 2006, Corporate philanthropic practices, *Journal of Corporate Finance*, 12(5), 855—877.
[35] Coase, R. H., 1937, The nature of the firm, *Social Science Electronic Publishing*, 4(16), 386—405.
[36] Fang, L. and J. Peress, 2009, Media coverage and the cross-section of stock returns, *Journal of Finance*, 64(5), 2023—2052.
[37] Fich, E. M., J. Cai and A. L. Tran, 2009, Stock Option grants to target CEOs during private merger negotiations, *Journal of Financial Economics*, 101(2), 413—430.
[38] Fombrun, C. J., 1995, *Reputation: Realizing Value from the Corporate Image*, Harvard Business School Press Books.
[39] Galaskiewicz, J., 1997, An urban grants economy revisited: Corporate charitable contributions in the twin cities, 1979—1981, 1987—1989, *Administrative Science Quarterly*, 42(3), 445—471.
[40] Gao, P., 2008, Disclosure quality, cost of capital, and investor welfare, *Accounting Review*, 85(1), 1—29.
[41] Godfrey, P. C., 2005, The relationship between corporate philanthropy and shareholder wealth: A risk management perspective, *Academy of Management Review*, 30(4), 777—798.
[42] Jensen, M. C. and W. H. Meckling, 1976, The theory of the firm: Managerial behavior, agency costs and ownership structure, *Journal of Financial Economic Policy*, 12(3), 305—360.
[43] McWilliams, A. and D. Siegel, 2001, Corporate social responsibility: A theory of the firm perspective, *Academy of Management Review*, 26(1), 117—127.
[44] Moon, J. and D. Matten, 2005, Can corporations be citizens? Corporate citizenship as a metaphor for business participation in society, *Business Ethics Quarterly*, 15(3), 429—453.
[45] Pirsch, J. S. Gupta and S. L. Grau, 2007, A framework for understanding corporate social responsibility programs as a continuum: An exploratory Study, *Journal of Business Ethics*, 70(70), 125—140.

[46] Porter, M. E. and M. R. Kramer, 2002, The competitive advantage of corporate philanthropy, *Harvard Business Review*, 80(12), 56—68.

[47] Rynes, S. L., F. L. Schmidt and M. Orlitzky, 2003, Corporate social and financial performance: A meta-analysis, *Organization Studies*, 24(3), 403—441.

[48] Scott, W. R., 1995, *Institutions and Organizations*, Thousand Oaks, California: Sage Publication.

管理层归因行为研究
——基于业绩预告修正的分析

魏 哲 罗 婷 张海燕[*]

摘 要 本文研究上市公司修正业绩预告时所做归因行为的动机及影响。研究结果显示,管理层倾向于用外部原因来解释坏消息,而且解职风险越高,这种行为越显著。进一步分析显示,归因选择确实有助于降低管理层的解职风险。本文的研究说明,上市公司管理层在修正业绩预告时存在自利性归因倾向,这种策略能够起到一定的自我保护作用。

关键词 业绩预告修正 自利性归因 解职风险

Management Attribution Behavior Research: Evidence from Management Revised Forecasts

Zhe Wei Ting Luo Haiyan Zhang

Abstract This paper investigates the motivation and consequences of managers' attribution behavior in management revised forecasts. Our results indicate that managers tend to attribute the bad news to external factors, and the tendency gets stronger with managers' dismissal risk. Further evidence demonstrates that the attribution strategy can reduce managers' dismissal risk induced by bad performance. We interpret the results as evidence that managers are self-attributional biased in revised management forecasts and managers can rationally protect themselves through this strategy.

Key words Management Revised Forecasts; Self-attribution; Dismissal Risk

---

[*] 魏哲,深圳大学经济学院;罗婷、张海燕,清华大学经济管理学院。通信作者:张海燕;地址:清华大学经济管理学院会计系伟伦楼 319 室;邮编:100084;电话:13718594270;E-mail: zhanghy@sem.tsinghua.edu.cn。

一、引 言

每当业绩预告披露时间临近,上市公司就会频繁发布业绩预告的修正公告。以去年中报披露为例,仅2015年7月14日这一天,就有60多家公司发布业绩修正公告(刘元媛,2015)。总体上看,发布业绩预告的公司约有五分之一会在后期进行修正(罗玫和宋云玲,2012)。业绩预告的大幅修正,尤其是向下"变脸",会对投资者价值判断带来很大的影响。[1] 一些差异巨大的修正也引起了监管部门的注意,并对部分上市公司发出监管函。除修正的业绩本身,业绩发生变动的原因亦对投资者决策有重大影响(Hutton et al., 2003)。监管部门要求上市公司在进行业绩预告修正的同时披露其修正原因,但目前鲜有针对修正原因真实性进行检查、监管或处罚的案例。管理层是否策略性地披露修正原因,投资者又能否正确识别其中的信号呢?本文围绕业绩预告修正报告,深入解读高管披露的书面原因,据以剖析管理层的动机,并试图提供有效的监管政策建议。

我国学术界和实务界对上市公司业绩预告的修正都有一定的关注。罗玫和宋云玲(2012)以公告日前后三天为研究窗口,发现业绩修正公告有显著的信息含量,但是业绩预期的修正会影响到上市公司以后年度业绩预告的可信度。刘婷和昝玉宇(2012)采用了三个不同长短的窗口期研究发现,不同类型的修正公告,市场反应不一样。宋云玲和宋衍蘅(2015)指出,业绩预告的修正行为具有一定的持续性。李辰颖和景萍萍(2014)、邓宇晴(2015)等对完善业绩预告修正的行为提出了政策建议。实务界的分析人士(孔瑞敏,2014;莫迟,2015;赵一蕙,2015等)更多地关注修正公告"变脸"或"变型"等极端状况,指出这类公告较多,并分析内在原因及市场反应以期警示投资人。总体来看,国内的研究主要关注修正公告的类型、特性、市场反应或者信息含量等,直接对公告修正原因的剖析尚不多见。

国外已有部分学者关注管理层业绩预测及修正事项的原因选择(Hutton et al., 2003; Baginski et al., 2004)。但是在欧美等发达国家的资本市场中,管理层预测是完全自愿性的决策,因此管理层有权决定是否预测、预测时间、预测精度以及是否披露业绩变动原因等事项。国外的研究将管理层披露业绩变动原因视为次级决策,其研究结论较大程度上只适用于自愿披露。我国上市公司自

---

[1] 通常,实务界将修正报告相对于预告类型的变更称作"变型",比如"略增"与"预增"之间的变换,"续盈"变为"预增"或"预减"等温和变化;而将"由盈转亏"或"由增变减"等对比强烈的修正称作"变脸"。

愿性披露的情形较少,高管往往因业绩达到特定要求而必须发布公告。按照当前的相关法规,当上市公司业绩出现亏损、波动50%或者扭亏为盈等情形时,管理层必须发布预测公告或修正公告。在这种强制性披露环境下,高管发布预测公告或修正公告的背后,往往伴随着大幅度的业绩波动。业绩大幅波动不仅会导致股价的波动,也可能引起监管方和投资者的关注。对于我国的管理层而言,如何解释业绩波动的原因,对于能否缓解经营失误的不利后果、规避监管风险至关重要。相比于国外的高管,我国管理层在修正公告的"原因解释"部分可能会呈现更多的主观动机色彩。因此,研究我国上市公司在业绩预告修正公告中的原因选择,能够更加全面地了解和认识管理层动机对业绩预测的影响。

本文从业绩预告修正公告的"原因解释"部分出发,手工整理业绩预告修正的具体原因,并参考 Baginski et al. (2004) 等的分类方法,将原因解释分为外部原因(外因)和内部原因(内因),据此探究管理层的原因选择策略。在此基础上,分析原因选择策略的内在动机。本文研究发现,当业绩变差时,管理层更可能用外部原因来解释;且管理层解职风险越高,这种选择倾向越明显。进一步研究发现,管理层的归因选择在一定程度上能够降低其解职风险。

本文后续部分的结构如下:第二部分是文献回顾及问题提出,第三部分是研究假说和研究模型的构建,第四部分是样本描述和实证结果分析,第五部分是补充检验,第六部分是结论及政策意义。

二、文献回顾

Hirst et al. (2008) 较为系统地提出了研究管理层业绩预测的理论架构。他们认为,业绩预测的研究主要分为管理层动机、预测特征和随之产生的结果三个部分。管理层动机即管理层自身的内在出发点;预测特征即公告的外在形式,包括预测类型、预测精度、原因解释及预测范围等;而结果即为预测公告产生的影响,包括股票市场的反应、分析师和投资者的行为等。他们认为,目前关于管理层动机方面的研究较少,是值得研究的新方向。有鉴于此,本文将基于管理层业绩修正公告中对业绩变动原因的选择策略(也称作"归因行为"或者"归因方式"),对管理层的动机予以探讨。我们将从管理层自身风险出发,探讨管理层自利性动机对原因选择策略的影响,据以丰富管理层动机对业绩预告影响的研究。

(一) 管理层动机与业绩预告

许多研究者认为,管理层发布业绩预告的主要动机是降低信息不对称,进而提高公司证券的流动性或降低融资成本(Leuz and Verrecchia,2000;Diamond and Verrecchia,1991)。Coller and Yohn(1997)以买卖价差衡量信息不对称,发现业绩预告发布之前上市公司的信息不对称性较高,而业绩预告发布后上市公司的信息不对称显著降低。为提高资本市场透明度,我国监管部门强制要求上市公司在特定情况下必须进行业绩预告。

除此之外,管理层风险是影响其是否发布业绩预告的另一重要因素。Skinner(1994;1997)发现管理层通过提前发布业绩预告(尤其在面临坏消息时)以避免事后的诉讼或降低其可能造成的损失。Cao and Narayanamoorthy(2011)以董事及高级管理人员责任险作为其事前风险,发现当管理层面临的事前风险较高时,其更倾向于进行坏消息的盈余预告。与 Cao and Narayanamoorthy(2011)的研究相似,Kasznik and Lev(1995)及 Brown et al.(2005)发现,在控制公司的法律风险后,面临坏消息的公司更加倾向于发布业绩预告。上述文献均表明,管理层风险会影响到业绩预告的发布决策。

事实上,管理层风险不仅会影响是否进行业绩预告的决策,还会影响业绩预告的特征。Waymire(1985)研究了管理层业绩预告的及时性,发现公司的业绩波动越大(管理层风险越小[2]),管理层越倾向于推迟发布业绩预告。Baginski et al.(2002)发现美国的上市公司(其面临的法律环境更为严苛)较加拿大的上市公司所发布的业绩预告期限更短。Cao and Narayanamoorthy(2011)发现,只有当业绩预告为坏消息时,管理层的事前风险与业绩预告的及时性才正相关;当业绩预告为坏消息时,管理层风险越大,其预测的准确度也越高;而当业绩预告为好消息时,管理层风险越大,其预测的准确度则越低。Choi et al.(2010)研究了管理层业绩预告性质对管理层业绩预告准确度的影响,发现当业绩预告的消息越差时,管理层业绩预告的准确度越低。

在此基础上,Baginski et al.(2004)进一步研究了影响管理层业绩预告归因的因素,发现当业绩预告消息为好消息时,管理层更倾向于使用内部原因进行

---

[2] Cao and Narayanamoorthy(2011)指出公司股票的波动与管理层的事前风险负相关。

解释。但是在美国自愿披露的背景下,管理层的归因行为属于二阶决策[3],其结论受样本自选择偏误影响较大。在我国强制披露的背景下,管理层必须进行业绩预告或预告修正,其对业绩变动的归因选择属于一阶决策,且管理层业绩修正的原因披露也具有强制性,上述因素使得本文的研究样本受自选择偏误的影响较小。

我国目前有关业绩预测的研究,主要关注业绩预告的类型(孔瑞敏,2014;莫迟,2015;赵一蕙,2015 等)、特性(宋云玲和宋衍蘅,2015)、市场反应或者信息含量(罗玫和宋云玲,2012;刘婷和昝玉宇,2014)等。较少有学者从管理层动机的角度进行研究,本文试图弥补这一不足。

(二) 管理层归因行为

当前大量的研究指出,管理层存在自利性的归因行为,即:管理层在解释业绩变动的原因时,倾向于将有利结果归于自身的努力;而将不利结果推卸于不受自身控制的外部因素。早期 Bettman and Weitz(1983)基于 1972 年和 1974 年的 181 份公司年报发现:管理层会将不利结果更多地归因于不可控的外部因素,而将有利结果归因于自身的努力。Staw,McKechnie and Puffer(1983)通过实验研究亦发现了类似结果。Salancik and Meindl(1984)对年报"致投资者的一封信"部分有关业绩变动的归因方式进行分类统计后发现,管理层存在自利性归因的行为。Baginski et al.(2000)则研究了管理层业绩预告中的归因行为,发现预告消息的好坏与是否归因相关,且管理层在对业绩预告的原因进行解释时存在自利性归因的现象。国内学者亦有类似的研究,孙蔓莉等(2005)、孙蔓莉(2008)以及蒋亚朋(2007)研究我国上市公司年报中的"管理层讨论与分析"后指出,我国上市公司管理层也存在自利性归因的行为。

目前鲜有文献对管理层自利性归因的产生机理进行研究。以往文献多采用管理层的自我中心心理(即忽视客观事实而形成对自我有利观点的心理现象)来解释上述行为(Clapham and Schwenk,1991;Baginski et al.,2004)。与前人的文献不同,本文提出管理层理性自利性归因的机理:管理层为降低自身风险而有意识地进行自利性归因。本文的实证结果亦支持这一观点。

---

[3] 即管理层首先决定是否发布业绩预告,然后在此基础上决定是否发布业绩预告变动的原因及其具体内容。

三、研究假说与研究设计

（一）研究假说

1. 管理层自利归因假说

控制权与经营权分离使得第一类代理问题成为公司经营中最为重要的问题之一。由于公司投资人无法直接观察管理层的行为，他们需要通过其他信息来判断管理层的行为及能力。我国会计准则总论中提到，"会计有助于考核企业管理层经济责任的履行情况……需要将利润表中的净利润……对比……从而考核企业管理层经济责任的履行情况"。为此公司业绩被外部投资者视为考核管理层的重要指标。国内外的研究均表明，公司业绩与管理层的解职风险负相关(Kaplan, 1994; Kang and Shivdasani, 1995; Conyon and He, 2014)。当公司业绩出现坏消息时，投资者往往将其视为管理层能力不足或未履行其责任的信号，从而做出替换管理层的决定。因此，我们认为，当业绩预告修正为坏消息时，管理层出于推卸责任并降低自身风险的目的，倾向于用外部因素来解释坏消息。

Milgrom(1981)的理论研究指出，当投资者收到好消息时公司的股价将上涨，同时若有更加可靠的证据表明管理层付出了努力，会促使投资者提高管理层的报酬。心理学的印象理论亦指出，人们倾向于将利好结果归于自身的努力，以给他人留下良好的印象。因此，我们认为当业绩预告修正为好消息时，管理层更倾向于用内部原因对好消息进行解释。

综上所述，我们提出如下假说[4]：

假说1 管理层在业绩预告修正时存在自利性归因的行为，即更倾向于将坏消息归因于外部因素，而将好消息归因于内部因素。

2. 管理层风险与自利性归因

本文围绕一种重要的管理层风险，即解职风险展开讨论。我们在前述分析的基础上，提出管理层理性自利性归因的假说，即管理层自利性归因的目的在于降低自身的职业风险。当管理层持有公司股份时，即使公司业绩较差，被解聘的可能性也较低(Gilson, 1989)。此时，管理层通过自利性归因降低解职风险

---

[4] 本文提出的管理层自利性归因属于管理层的理性策略，而非过去文献(Salancik and Meindl, 1984;等等)中因管理层"自尊自大"所导致的行为偏误。

的动机较小。为此我们提出如下假说:

假说 2a 管理层持股比例越高,假说 1 的管理层自利性归因倾向越不明显。

已有研究表明,机构投资者能够提高管理层解职与业绩的相关性(Kang and Shivdasani,1995;Lausten,2000),即机构投资者存在时管理层更有可能因较差的业绩表现而离职。因此,机构投资者持股比例越高,管理层越可能通过自利性归因推卸责任从而降低自身的解职风险。至此,我们提出如下假说:

假说 2b 机构投资者持股比例越高,假说 1 的管理层自利性归因倾向越明显。

公司自身股价的波动性显著影响管理层解职与业绩的相关性。Bushman, Dai and Wang(2010)指出当公司系统性风险(如行业波动性)越高时,公司业绩越不能反映管理层的能力及努力程度,此时管理层解职与业绩相关性较低。Engel,Hayes and Wang(2003)研究公司股价波动对其业绩与离职关系的影响,发现公司股价波动性降低了离职与业绩的相关性。综上,公司股价波动性越小,管理层解职对其会计业绩越敏感,进而将诱发管理层自利性归因。基于上述分析我们提出如下假说:

假说 2c 公司的股价波动越小,假说 1 的管理层自利性归因行为越明显。

(二)研究设计

参考 Baginski et al.(2004)的研究,本文首先通过如下模型(1)对管理层在业绩预告修正中是否存在自利性归因行为进行检验:

$$External_{i,t} = \alpha_0 + \alpha_1 Change_{i,t} + \sum_{j=1}^{8} \gamma_j Control_{ijt} + Year\ Fixed + \varepsilon_{i,t} \quad (1)$$

我们将修正公告中的归因分为外部原因和内部原因两类。External 为因变量,当变动原因只有外部原因时取 1,当只有内部原因时取 0。为了增加检验功效,本文剔除了内外部原因都有的样本。Change 为公司对业绩预告做出修正的方向,若假说 1 成立则其系数 α_1 显著为负。参考以往的文献,我们还进一步控制了如下变量:修正的及时性 Time,修正的精度 Precision,公司所属行业是否为传统制造业 Manufac,公司规模 Size,实际业绩表现 ROE,增长率 Growth,杠杆率 Lev,以及经营业绩情况 Opic_ratio。具体变量的定义见表 1。由于多数公司的修正公告发生在会计年度之后,因此,为了控制管理层私有信息对其原因选择的影响,本文所使用的会计数据均为业绩预告年度的数据。

本文通过交乘项对假说 2a 至假说 2c 进行检验:在模型(1)的基础上引入管理层风险变量 Risk,分别以管理层持股比例(Mgslare_ratio)、机构投资者持股比例(Instration)以及公司当年股价波动率的相反数(N_Retvol)衡量。同时,将

上述变量与 Change 交乘并考察交乘项的系数,得到如下模型(2):

$$External_{i,t} = \alpha_0 + \alpha_1 Change_{i,t} + \alpha_2 Risk_{i,t} + \alpha_3 Risk_{i,t} \times Change_{i,t} + \sum_{j=1}^{8} \gamma_j Control_{ijt} + Year\ Fixed + \varepsilon_{i,t} \quad (2)$$

根据假说 2a 至假说 2c,我们预测当 Risk 为管理层持股比例(Mgshare_ratio)时 α_3 显著为正,为机构投资者持股比例(Instration)或公司股价波动率(N_Retvol)时 α_3 显著为负。模型(2)中的控制变量与模型(1)一致。

表 1　变量定义

变量类型	变量符号	变量含义及说明
因变量	External	原因选择策略哑变量,当业绩预告修正原因只有外部原因时为 1;当只有内部原因为 0
解释变量	Change	消息性质变量,当重述业绩相对于之前预测上升时为 1;下降时为-1;前后不变时为 0
控制变量	Time	公告时点变量,等于公司年报发布日期减去管理层业绩预告重述日期
	Precision	公告精度,当公告为点估计时为 3;闭区间时为 2;开区间时为 1;定性估计时为 0
	Manufac	制造业哑变量,当公司所属行业为传统制造业时为 1,反之为 0
	Size	公司规模变量,等于当年年末资产总额的自然对数
	ROE	盈利能力,取值为当年加权平均净资产收益率,源自上市公司年度报告的披露
	Growth	成长率,等于当年营业收入较上一年营业收入增长率的百分比
	Lev	资产负债率,等于期末负债总额除以期末资产总额
	Opic_ratio	经营业绩指标,等于年度经营活动净收益除以当年利润总额
	Mgshare_ratio	管理层风险衡量变量之一:管理层持股变量,等于董事、监事、高管持股比例之和
	Instration	管理层风险衡量变量之二:机构投资者持股变量,以当年机构投资者持股比例衡量
	N_Retvol	管理层风险衡量变量之三:股价波动率变量,以当年股票收益率的波动率的相反数,即当年股票日回报的标准差的相反数衡量
	Turnover	总经理被解职哑变量,若总经理被解职则取值为 1,反之为 0

四、样本描述与实证检验

(一)样本选择及描述性统计

我国证监会自 1998 年开始要求上市公司在特定条件下及时进行业绩预告,随后这一规定不断修改完善,至 2007 年我国强制业绩预告的政策基本稳定,因此本文的样本从 2007 年开始。我们从 WIND 数据库获取了 2007—2012

年业绩预告修正的样本1 353个,逐条阅读业绩变动原因并进行内外因分类。我们参考了Baginski et al.(2004)的分类方法,具体的划分方式请参见表2。随后我们将预告修正样本与国泰安数据库(CSMAR)中的财务数据进行合并,剔除了财务数据缺失及同时包含内外部原因的观测502个,最终本文实证检验中的观测共851个。

表2 外部原因和内部原因的构成及划分依据

	原因细分	划分依据
外部原因	宏观经济	经济走势,国内外经济波动等
	市场因素	原材料、产品、人工等的价格波动,利率和汇率变动,金融资产公允价值变动等
	国家政策	财税政策变动,政府财政补贴等
	自然因素	自然灾害等
内部原因	社会因素	土地征用、厂房搬迁等
	企业经营	战略调整,管理模式调整,市场营销,成本控制,研发投入等
	企业投资	长期股权投资下的投资收益变动
	资产变动	资产处置,资产减值,资产增值等
	股权变动	股权处置等
	重大事项	债务重组,企业并购等
	非经常性事项	诉讼,担保等
	会计调整	会计估计变更

表3列示了各年间样本分布情况及相关描述性统计。具体来看,样本在各个年度之间分布较为均匀。851个观测中共有664个修正原因为内部原因,占比为78.03%,使用外部原因解释的观测只有187个;另外,用外部原因解释主要集中在2011年和2012年,共130个,占外部原因总观测的69.52%,因此我们在实证分析中控制了年份固定效应。在消息性质方面,好消息的观测381个,坏消息的观测370个。公告时点上,789个(92.7%)修正公告发生在会计年度结束之后,只有62个公告发生在会计年度结束之前。公告精度方面,大部分公司(689个观测,占比为80.96%)发布闭区间估计或点估计。

表3 样本分布

年份	公告数量	原因解释		消息性质			公告时点		公告精度			
		外因	内因	好消息	无消息	坏消息	本年度	下年度	点估计	闭区间	开区间	定性
2007	106	14	92	66	8	32	18	88	31	41	18	16
2008	135	20	115	33	8	94	13	122	49	66	10	10
2009	154	8	146	89	15	50	7	147	34	86	19	15
2010	154	15	139	98	16	40	9	145	26	89	22	17
2011	135	59	76	45	10	80	6	129	12	102	9	12
2012	167	71	96	50	43	74	9	158	37	116	0	14
合计	851	187	664	381	100	370	62	789	189	500	78	84

表4列示了自变量及控制变量的描述性统计,并按照修正原因类型分样本进行了比较。从表4消息性质(Change 行)的结果可见,使用外因解释的公司均值显著低于使用内因解释的公司(Change 均值分别为 -0.278、0.095),意味着面临坏消息的公司更倾向于使用外因解释。从公告时间(Time 行)的结果可见,公司通常在年报公布前 62 天发布修正公告,而且选择外因的公司比选择内因的公司要早 10 天发布修正公告。Manufac 的均值为 0.720,表明在样本中 72% 的公司为传统制造业公司,而且选择外因的子样本中该比例更高。样本公司的平均总资产约为 21 亿元,选择外因的公司规模也较大。在会计业绩和质量方面,选择外因子样本的 ROE、Growth 及 Opic_ratio 均显著低于内因子样本,表明外因子样本的业绩表现较差。从与管理层风险相关的三个变量来看,外因公司管理层平均持股比例较高,机构持股比例也较高,并且其股价波动率较小。最后,全样本中有 24.8% 的公司高管在未来一年内会离职(Turnover),而外因公司的这一比例为 22.5%,内因公司则为 25.5%,但差异不显著。

表4 样本描述性统计

变量	全样本			外部原因子样本			内部原因子样本			均值差异	中值差异
	N	均值	中位数	N	均值	中位数	N	均值	中位数	T 值	Z 值
Change	851	0.013	0.000	187	-0.278	-1.000	664	0.095	0.500	-5.15***	-4.81***
Time	851	62.354	64.000	187	70.273	74.000	664	60.123	62.500	4.42***	3.49***
Precision	851	1.933	2.000	187	1.947	2.000	664	1.929	2.000	0.25	0.08
Manufac	851	0.720	1.000	187	0.856	1.000	664	0.682	1.000	5.51***	4.66***
Size	851	21.466	21.346	187	21.840	21.560	664	21.361	21.292	4.43***	3.97***
ROE	851	0.035	0.049	187	0.015	0.032	664	0.040	0.060	-1.52	-2.93***
Growth	851	0.417	0.114	187	0.252	0.061	664	0.463	0.134	-1.89*	-2.52**
Lev	851	0.504	0.518	187	0.511	0.552	664	0.502	0.515	0.57	1.02
Opic_ratio	851	0.660	0.953	187	0.450	0.898	664	0.719	0.958	-3.51***	-2.72***
Mgshare_ratio	851	0.111	0.000	187	0.188	0.000	664	0.090	0.000	3.93***	2.70***
Instration	811	0.230	0.158	184	0.263	0.202	627	0.221	0.146	2.28**	1.74*
N_Retvol	838	-0.034	-0.032	186	-0.030	-0.029	652	-0.035	-0.034	5.62***	5.94***
Turnover	851	0.248	0.000	187	0.225	0.000	664	0.255	0.000	-0.84	-0.84

(二)实证检验

1. 消息性质与业绩预告修正归因

我们首先对模型(1)进行检验,并将结果列示于表5。表5第(1)列中我们只控制了年度固定效应,可以发现 Change 的系数为 -0.307,并在 1% 的水平下显著;Odds ratio 显示,当业绩预告修正为坏消息时,管理层用外部原因解释的概率较业绩预告修正为好消息时高 73.5%。第(2)列列示包含了控制变量的结果,Change 的系数为 -0.409,仍在 1% 的水平下显著。上述结果表明消息性质对管理层修正原因的选择有显著影响,管理层存在自利性归因的倾向,即假说1成立。控制变量方面,Time 的系数显著为正,表明业绩预告修正公告越及时,越有可能用外部原因进行解释;Manufac 的系数显著为正,说明当公司属于传统制造行业时,管理层更倾向于用外部原因解释预告修正;Size 的系数显著为正,说明公司规模越大,越有可能用外部原因进行解释;最后 Opic_ratio 的系数显著为负,表明公司经营业绩对净利润的贡献越大,管理层越倾向于用内部原因来解释修正公告。

表 5 消息性质与业绩预告修正归因

External	(1)	(2)
Change	−0.307***	−0.409***
	(−2.90)	(−3.23)
Time		0.011***
		(3.50)
Precision		0.165
		(1.40)
Manufac		0.863***
		(3.39)
Size		0.395***
		(4.66)
ROE		−0.343
		(−0.78)
Growth		−0.109
		(−1.41)
Lev		−0.712
		(−1.35)
Opic_ratio		−0.575***
		(−4.75)
Constant	−1.813***	−11.224***
	(−6.24)	(−6.06)
Observations	851	851
Pseudo R^2	0.151	0.227

注:括号内数字为经调整后的 z 值,所有回归均控制了年度固定效应;***、**、* 分别代表在1%、5%、10%的水平下显著。

2. 管理层解职风险与自利性归因

我们通过模型(2)对假说2a至假说2c进行检验,试图验证管理层理性自利性归因的机理,即管理层为降低解职风险策略性地选择业绩修正的原因。回归结果列示于表6。该表的三列分别对应着以三种方式衡量管理层风险时的分析结果。第(1)列列示了以管理层持股比例(Mgshare_ratio)衡量管理层解职风险的回归结果。Change 的系数显著为负,与表5一致,而 Change×Mgshare_ratio

的系数为1.000并在1%水平下显著,支持假说2a,即当管理层持股比例越高时,管理层自利性归因的行为相应减弱。第(2)列列示了以机构投资者持股比例(Instration)衡量管理层解职风险的回归结果。从该列可见,Change的系数为负数但不显著,而Change×Instration的系数为−1.704且在1%水平下显著,该结果支持了假说2b。第(3)列以公司股价波动率相反数(N_Retvol)衡量管理层解职风险。该列显示,Change的系数显著为负同时Change×N_Retvol的系数也显著为负,支持了假说2c。综上所述,表6的结果表明管理层解职风险影响了管理层自利性归因的行为:管理层的业绩/解职敏感度越高,管理层的自利性归因行为越明显;反之,则管理层的自利性归因行为越不明显。

表6 管理层风险与自利性归因

Risk=	(1) Mgshare_ratio	(2) Instration	(3) N_Retvol
Change	−0.568***	−0.105	−1.554***
	(−3.80)	(−0.56)	(−3.71)
Time	0.010***	0.012***	0.011***
	(3.17)	(3.57)	(3.34)
Precision	0.176	0.169	0.177
	(1.39)	(1.37)	(1.45)
Change×Risk	1.000***	−1.704***	−35.607***
	(2.59)	(−2.71)	(−2.85)
Manufac	0.932***	0.774***	0.805***
	(3.56)	(2.99)	(3.06)
Size	0.440***	0.392***	0.402***
	(5.01)	(4.45)	(4.46)
ROE	−0.400	−0.313	−0.491
	(−0.90)	(−0.66)	(−1.04)
Growth	−0.096	−0.074	−0.069
	(−1.24)	(−0.95)	(−0.86)
Lev	−0.417	−0.553	−0.569
	(−0.77)	(−1.01)	(−1.03)
Opic_ratio	−0.636***	−0.582***	−0.569***
	(−4.95)	(−4.79)	(−4.52)
Risk	1.435***	0.101	−14.420
	(3.81)	(0.17)	(−0.84)
Constant	−12.398***	−11.251***	−12.161***
	(−6.44)	(−5.82)	(−5.27)
Observations	851	811	838
Pseudo R^2	0.245	0.242	0.238

注:回归因变量为External;括号内数字为经调整后的z值,所有回归均控制了年度固定效应;***、**、*分别代表在1%、5%、10%的水平下显著。

五、补 充 检 验

(一) 归因选择与管理层解职

上文的研究结果指出,管理层为降低解职风险,会选择性地进行修正公告的归因披露。接下来,我们试图分析自利性归因的效果,或者说,修正公告的归因策略是否能够有效缓解离职风险。我们参考 Jenter and Kanaan(2015)和 Conyon and He(2014)等的研究,设计如下模型(3)进行检验:

$$\text{Turnover}_{i,t+1} = \beta_0 + \beta_1 \text{Change}_{i,t} + \beta_2 \text{Change}_{i,t} \times \text{External}_{i,t} + \sum_{j=1}^{4} \delta_j \text{Control}_{ijt} + \sum_{j=5}^{8} \delta_j \text{Control}_{ij-4t} \times \text{Change}_{i,t} + \text{Year Fixed} + \varepsilon_{i,t} \quad (3)$$

模型(3)中,因变量 $\text{Turnover}_{i,t+1}$ 为高管离职哑变量:若公司 CEO 在 $t+1$ 年发生了离职为1,否则为0。如果归因决策能够有效降低解职风险,$\text{Change}_{i,t} \times \text{External}_{i,t}$ 的系数 β_2 应显著为正,即用外因解释坏消息能够缓解管理层因会计业绩恶化而离职的风险。此外,我们还控制了公司规模 Size、负债比率 Lev、公司是否属于传统制造行业 Manufac、公司经营业绩情况 Opicratio 及它们与消息性质的交乘项,变量具体定义见表1。

由于高管的事后解职($\text{Turnover}_{i,t+1}$)与其事前离职风险具有相关性,而事前离职风险会影响到归因选择($\text{External}_{i,t}$),因此,为排除因变量和自变量之间存在内生性问题,我们参考 Greene(2000)、Maddala(1983)及 Lee,Matsunaga and Park(2012)等的研究,采用表面非相关双变量概率单位模型(Seemingly Unrelated Bivariate Probit Model)进行估计。其估计方法如下:首先我们引入模型(4),随后将模型(3)与模型(4)联立做 SUR 估计。

$$\text{External}_{i,t} = \alpha_0 + \alpha_1 \text{Change}_{i,t} + \alpha_2 \text{Turnover}_{i,t+1} + \sum_{j=1}^{8} \gamma_j \text{Control}_{ijt} + \text{Year Fixed} + \varepsilon_{i,t} \quad (4)$$

相关的分析结果如表7所示。该表由三列组成,第(1)列对应模型(3)的回归结果;第(2)列和第(3)列则是联立模型(3)和模型(4)的估计结果。第(1)列显示,Change×External 的交乘项系数为 0.584,在 5% 的水平下显著为正。该结果表明,管理层用外因解释业绩预告修正时,能够缓解因坏消息而离职的风险。

第(3)列的联立模型结果显示,在考虑了内生性后,Change×External 的系数仍显著为正。Wald 检验(似然比检验)可检验模型(3)和模型(4)之间的相关性 ρ 是否为 0:若 Wald 检验不能接受 $\rho=0$ 的原假设,则说明单独回归模型(3)受内生性影响;反之,则表明模型(3)不存在内生性影响。我们在表 7 第(2)列和第(3)列列示了 Wald 检验的结果,表明表 7 第(1)列的研究结果并不受内生性影响。

表 7 业绩预告修正归因与管理层解职

因变量 Turnover	(1)	(2)	(3)
Change	−0.328	−0.096	−0.276
	(−0.17)	(−1.33)	(−0.25)
Change×External	0.584**	0.425***	0.348**
	(2.42)	(2.94)	(2.42)
Size	−0.195**	−0.127**	−0.128**
	(−2.41)	(−2.08)	(−2.22)
Lev	0.714	0.459*	0.412
	(1.47)	(1.67)	(1.49)
Manufac	0.001	−0.000	−0.020
	(0.01)	(−0.00)	(−0.15)
Opic_ratio	0.205	0.077	0.136
	(1.40)	(0.74)	(1.34)
External	0.076	0.168	0.285
	(0.34)	(0.19)	(0.36)
Change×Size	0.015		0.013
	(0.16)		(0.24)
Change×Lev	−0.386		−0.216
	(−0.77)		(−0.76)
Change×Manufac	0.316		0.184
	(1.57)		(1.58)
Change×Opic_ratio	−0.232		−0.133
	(−1.51)		(−1.59)
Constant	2.496	1.743	1.715
	(1.52)	(1.48)	(1.51)
Wald test of $\rho=0$		$\chi^2=0.017$	$\chi^2=0.091$
		$P=0.90$	$P=0.76$
Observations	851	851	851
Pseudo R^2 [Wald χ^2]	0.032	[159.42]	[167.71]

注:括号内数字为经调整后的 z 值,所有回归均控制了年度固定效应;***、**、* 分别代表在 1%、5%、10% 的水平下显著。

(二)扩大样本

本文与 Baginski et al.(2004)不同,只选取了业绩预告修正原因中只有外部原因或只有内部原因的样本进行检验。为增强结果的稳健性,我们在本节加入同时披露内外部原因的样本,并将 External 重新定义为:当修正原因包含外部原因时为1,否则为0。同时,为了与以往文献可比,我们还加入了新变量 Internal,并将其定义为:当修正原因包含内部原因时为1,否则为0。我们使用新样本对假说1进行检验并将结果列示于表8中。

表8 消息性质与业绩预告修正归因——扩大样本

	External	Internal
Change	−0.562***	0.136*
	(−7.37)	(1.67)
Time	0.012***	−0.003
	(5.28)	(−1.44)
Precision	0.160**	0.084
	(2.10)	(1.05)
Industry	0.886***	−0.370**
	(5.51)	(−2.13)
Size	0.293***	−0.286***
	(4.92)	(−4.69)
ROE	−0.744**	0.004
	(−2.23)	(0.01)
Growth	−0.105*	0.012
	(−1.76)	(0.25)
Lev	−1.821***	−0.060
	(−4.94)	(−0.16)
Opic_ratio	−0.390***	0.295***
	(−4.56)	(3.43)
Constant	−7.407***	7.550***
	(−5.97)	(5.92)
Observations	1248	1248
Pseudo R^2	0.119	0.039

注:括号内数字为经调整后的 z 值,所有回归均控制了年度固定效应;***、**、* 分别代表在1%、5%、10%的水平下显著。

该表第(1)列以 External 为因变量,回归结果显示 Change 的系数为 −0.562,并在1%水平下显著。该结果与表5一致,支持假说1。Baginski et al.(2004)并未发现发布坏消息时管理层更多地用外部原因进行解释。正如前文所述,我国强制业绩预告的政策使得管理层必须对坏消息予以披露或者解释,管理层为降低自身风险更有可能选择性地披露业绩预告修正原因。此外,在第(2)列以 Internal 为因变量进行了回归,结果显示 Change 的系数为0.136,在10%水平下显著为正,该结果与 Baginsiki et al.(2004)的结果一致。综上,加入同时披露内外部原因的样本后,管理层自利性归因的现象依旧显著存在。

六、结论及政策意义

本文研究发现,管理层在进行业绩预告修正原因披露时,倾向于用外部原因来解释坏消息,存在自利性归因倾向。进一步研究指出,当管理层的解职风险越高时,自利性归因倾向越明显。最后,管理层的自利性归因行为有助于降低高管解职风险。本文的研究意味着,高管的自利性归因策略不仅存在,而且确实能够奏效。公司治理机制虽能增加高管的解职风险,但却无法杜绝自利性归因行为,甚至在一定程度上催生了这类行为。有鉴于此,投资者在阅读高管发布的业绩预告修正公告时,有必要对外因解释的公告持谨慎态度,应重点关注公告中揭示的外部原因与公司业绩变化的内在联系;对于那些一味地将管理中的失误归因于外部要素或者宏观环境的修正公告,需要谨慎对待。监管方在管理层披露原因选择方面,也应出台更多配套的规定和措施,督促公司管理层更加客观、全面地解释业绩变动。

参 考 文 献

[1] 邓宇晴,2015,业绩预告变"升降机"——基于航天通信的案例分析,《现代经济信息》,第10期,第27—28页。

[2] 蒋亚朋,2008,上市公司盈余变动归因信息披露中的自利性倾向研究,《现代管理科学》,第6期,第117—119页。

[3] 孔瑞敏,2014,12只次新股首季业绩预告变脸汇中股份等5公司向上修正,《证券日报》,3月17日。

[4] 李辰颖、景萍萍,2014,解决上市公司业绩预告变更问题的相关建议,《财务与会计》,第12期,第32页。

[5] 刘婷、昝玉宇,2012,我国上市公司业绩预告修正的市场反应,《天津财经大学学报》,第10期,第58—66页。

[6] 刘元媛,2015,一天60多家公司修正中报预告,《现代快报》,7月15日。

[7] 罗玫、宋云玲,2012,中国股市的业绩预告可信吗?《金融研究》,第9期,第168—180页。

[8] 莫迟,2015,356家公司修正年报业绩预告,12只个股向上修正业绩超预期,《证券日报》,2月4日。

[9] 宋云玲、宋衍蕾,2015,上市公司业绩预告行为的"持续性",《投资研究》,第6期,第23—33页。

[10] 孙蔓莉,2008,年报自利性归因案例研究,《财务与会计》,第22期,第46—48页。

[11] 孙蔓莉、王化成、凌哲佳,2005,关于公司年报自利性归因行为的实证研究,《经济科学》,第2期,第86—93页。

[12] 赵一蕙,2015,45家公司业绩预告"变型",并购后遗症地雷频繁,《上海证券报》,4月2日。

[13] Baginski, S. P., J. M. Hassell and M. D. Kimbrough, 2002, The effect of legal environment on voluntary disclosure: Evidence from management earnings forecasts issued in US and Canadian markets, *The Accounting Review*, 77 (1), 25—50.

[14] Baginski, S. P., J. M. Hassell and M. D. Kimbrough, 2004, Why do managers explain their earnings forecasts? *Journal of Accounting Research*, 42(1), 1—29.

[15] Baginski, S. P., J. M. Hassell and W. A. Hillison, 2000, Voluntary causal disclosures: Tendencies and capital market reaction, *Review of Quantitative Finance and Accounting*, 15(4), 371—389.

[16] Bettman, J. R. and B. A. Weitz, 1983, Attributions in the board room: Causal reasoning in corporate annual reports, *Administrative Science Quarterly*, 165—183.

[17] Brown, S., S. A. Hillegeist and K. Lo, 2005, Management forecasts and litigation risk, Sauder School of Business Working Paper.

[18] Bushman, R., Z. Dai and X. Wang, 2010, Risk and CEO turnover, *Journal of Financial Economics*, 96(3), 381—398.

[19] Cao, Z. and G. S. Narayanamoorthy, 2011, The effect of litigation risk on management earnings forecasts, *Contemporary Accounting Research*, 28(1), 125—173.

[20] Choi, J.-H., L. A. Myers, Y. Zang and D. A. Ziebart, 2010, The roles that forecast surprise and forecast error play in determining management forecast precision, *Accounting Horizons*, 24(2), 165—188.

[21] Clapham, S. E. and C. R. Schwenk, 1991, Self-serving attributions, managerial cognition, and company performance, *Strategic Management Journal*, 12(3), 219—229.

[22] Coller, M. and T. L. Yohn, 1997, Management forecasts and information asymmetry: An examination of bid-ask spreads, *Journal of Accounting Research*, 35(2), 181—191.

[23] Conyon, M. J. and L. He, 2014, CEO turnover in China: The role of market-based and accounting performance measures, *The European Journal of Finance*, 20(7—9), 657—680.

[24] Diamond, D. W. and R. E. Verrecchia, 1991, Disclosure, liquidity, and the cost of capital, *The Journal of Finance*, 46(4), 1325—1359.

[25] Engel, E., R. M. Hayes and X. Wang, 2003, CEO turnover and properties of accounting information, *Journal of Accounting and Economics*, 36(1), 197—226.

[26] Gilson, S. C., 1989, Management turnover and financial distress, *Journal of Financial Economics*, 25(2), 241—262.

[27] Greene, W. H., 2000, *Econometric Analysis*, Prentice Hall.

[28] Hirst, D. E., L. Koonce and S. Venkataraman, 2008, Management earnings forecasts: A review and framework, *Accounting Horizons*, 22(3), 315—338.

[29] Hutton, A. P., G. S. Miller and D. J. Skinner, 2003, The role of supplementary statements with management earnings forecasts, *Journal of Accounting Research*, 41(5), 867—890.

[30] Jenter, D. and F. Kanaan, 2015, CEO turnover and relative performance evaluation, *The Journal of Finance*, 70(5), 2155—2184.

[31] Kang, J.-K. and A. Shivdasani, 1995, Firm performance, corporate governance, and top executive turnover in Japan, *Journal of Financial Economics*, 38(1), 29—58.

[32] Kaplan, S. N., 1994, Top executive rewards and firm performance: A comparison of Japan and the United States, *Journal of Political Economy*, 102(3), 510—546.

[33] Kasznik, R. and B. Lev, 1995, To warn or not to warn: Management disclosures in the face of an earnings surprise, *Accounting Review*, 70, 113—134.

[34] Lausten, M., 2002, CEO turnover, firm performance and corporate governance: Empirical evidence on Danish firms, *International Journal of Industrial Organization*, 20(3), 391—414.

[35] Lee, S., S. R. Matsunaga and C. W. Park, 2012, Management forecast accuracy and CEO turnover, *The Accounting Review*, 87(6), 2095—2122.

[36] Leuz, C. and R. E. Verrecchia, 2000, The economic consequences of increased disclosure, *Journal of Accounting Research*, 38, 91—124.

[37] Maddala, G. S., 1983, *Limited Dependent and Qualitative Variables in Econometrics*, Cambridge University Press.

[38] Milgrom, P. R., 1981, Good news and bad news: Representation theorems and applications, *The Bell Journal of Economics*, 12(2), 380—391.

[39] Salancik, G. R. and J. R. Meindl, 1984, Corporate attributions as strategic illusions of management control, *Administrative Science Quarterly*, 29, 238—254.

[40] Skinner, D. J., 1997, Earnings disclosures and stockholder lawsuits, *Journal of Accounting and Economics*, 23(3), 249—282.

[41] Skinner, D. J., 1994, Why firms voluntarily disclose bad news, *Journal of Accounting Research*, 32(1), 38—60.

[42] Staw, B. M., P. I. McKechnie and S. M. Puffer, 1983, The justification of organizational performance, *Administrative Science Quarterly*, 28, 582—600.

[43] Waymire, G., 1985, Earnings volatility and voluntary management forecast disclosure, *Journal of Accounting Research*, 23, 268—295.

官员主政关系、地域偏爱与政府补助

陈运森　崔宸瑜[*]

摘要　地缘关系是构成中国关系型社会的重要基石,本文把省级领导人在所管辖省份内曾经的重要任职经历地定义为拥有省级核心领导人主政关系的区域,并研究拥有这种主政关系的微观企业是否因核心政府官员情系故地而享受到地域偏爱。实证结果发现,省级核心官员对处于其重要任职经历所在地域的上市公司表现出明显的地域偏爱情结,表现为拥有主政关系的上市公司获得了更多的政府补助,且这一结果主要体现在有政治关联和最终控制人为国有的上市公司中;进一步研究发现,上述关系因官员主政关系的强度和地区腐败程度的不同而存在差异,且上市公司因主政关系而获取的政府补助并未显著提高经济效益,反而明显降低了社会效益;此外,还发现拥有省级领导人的老乡关系对公司获得政府补助没有显著影响。本文的结果表明地域偏爱是除了政治晋升激励之外核心政府官员干预微观经济的重要机理。结论为产业政策之争提供了进一步的证据,同时支持了全面深化体制改革中以制约主要领导干部权力为重点的政治体制改革,对官员任职的"地域回避"制度设计也提供了优化建议。

关键词　地域偏爱　主政关系　政府补助　产业政策　资源配置效率

Officials' Prior-Job Relationship, Regional Favoritism and Corporate Subsidies

YUNSEN CHEN　CHENYU CUI

Abstract　Geo-social relation is very important in the establishment of connections in China, in this paper we define the cities where the province governor/party secretary once

---

[*] 陈运森,中央财经大学中国管理会计研究与发展中心/中央财经大学会计学院;崔宸瑜,清华大学经济管理学院。通信作者:陈运森;地址:北京市海淀区学院南路39号中央财经大学主教10层会计学院;邮编:100081;电话:13811048653;E-mail:yschen@cufe.edu.cn。本文初始题目为"情系故地?来自官员地域偏爱的微观证据";作者感谢国家自然科学基金"地域偏爱、政治权力距离与公司财务行为"(批准号:71572209)、北京市会计类专业群(改革试点)建设项目、北京市社会科学基金(16GLC077)、中央高校基本科研业务费专项资金和中央财经大学第四批青年科研创新团队支持计划的资助。

served in the key governmental positions are cities with high-level officials' prior-job relationship (HOPR), and test whether such cities could benefit from core officials' regional favoritism. We find that, firms in cities with HOPR get more subsidies, and this relationship are mainly significant in firms with political connections and in SOEs; further studies figure out that the intensity of regional favoritism varies with the intensity of HOPR and regional corruption; well, there is no evidence that HOPR helps firms improve performance through subsidies, however, HOPR damages the social welfare of governmental subsidies to some extent. What's more, we do not find significant empirical evidence that "Townee Relationship" have effects on firms' acquiring of governmental subsidies. Our paper points out a mechanism different from political promotion that high-level officials have strong incentive to involve in the micro-economy, and we find that this kind of intervention harms the efficiency of resources allocation. In addition, our paper is also a good response to the current political reforms aiming at "put the officials' power into the cage of legal system", and provides suggestions for the design of "regional evasion system".

Key words Regional Favoritism; Prior-job Relationship; Governmental Subsidies; Industrial Policy; Recourses Allocation Efficiency

一、引　言

政商关系是中国制度背景下学术研究历久弥新的热点之一,以往多数文献大都以企业为逻辑起点,通过管理层和股东的政府背景研究政商关系,或者以相对宏观的政府干预环境作为政府权力和政府质量的表征,却忽略了一个关键问题:政府官员个体的权力及其对微观企业的影响。事实上,政府是一个抽象的概念,与企业之间的关系最终要体现到政府官员(尤其是与那些对经济资源的分配有重要决定权的地方官员)与企业的关系上来(周黎安等,2004)。一旦涉及政府官员层面,企业财务行为就不仅是原有意义上的经济问题,同时还是涉及政府公共权力代理的政治问题(陈冬华,2003;Fan et al.,2008)。然而学术界对官员个体特征的关注主要集中在官员晋升激励(Li and Zhou,2005;徐现祥和王贤彬,2010)、官员交流、变更和任期(徐现祥等,2007;张军和高远,2007;王贤彬和徐现祥,2008;钱先航等,2011)、官员对地区非正式制度的影响(李飞跃等,2014;刘明兴等,2015)、官员访问(罗党论和应千伟,2012)等领域,同时在政治经济学领域有数位学者研究官员对其出生地的经济政策倾斜和财政转移支付的偏爱行为(Kramon and Posner,2012;Hodler and Raschky,2014;Burgess et al.,2015;张平等,2012;范子英和李欣,2014;李淑娟等,2016)。然而在公司财务领域,核心官员个体特征,尤其是以儒家思想为代表的中国传统文化熏陶下的地域偏爱情结(regional favoritism),对微观企业财务行为的影响尚未受到学术界的重视。

实际上,自古以来中国人都对出生、成长和工作生活过的地方偏爱有加。梁漱溟认为"中国政治之特殊"在于"权力一元化不会改变"和"中国制度始终是礼而不是法"。[1]在现代的解读下,梁漱溟的观点突出了政府官员的权力以及权力的非法律束缚的特性,而中国人强调的"伦理关系"即是礼的来源。费孝通(1948)认为在伦理关系中,血缘是稳定的力量,但在稳定的社会中,地缘是血缘的投影,二者无法分离,所以地域上的靠近也是对亲疏程度的重要体现,是社会化了的空间(费孝通,1948)。考虑到基于血缘关系的公开信息获取难度以及地缘关系的同等重要性,本文聚焦于地缘关系产生的地域偏爱行为。这种偏爱首先体现在基于户籍地/出生地[2]而产生的老乡关系以及在此基础上延伸出来的个人对工作地和生活地的特殊情感,即本文所说的情系故地,而对于掌握较大权力的核心政府官员而言,地域偏爱就可能源于曾经在某一个地区担任核心职位,主政一方的工作经历。而相对于这种主政一方的地缘关系,核心官员基于户籍地/出生地的老乡关系则受到严格管制[3],所以本文将省级核心领导人的主政关系作为其地域偏爱的产生渠道。社会学对于中国人权力的研究通常结合人情与面子(黄光国,2010;翟学伟,2005),具体到本文,我们认为领导人因对曾经主政地的偏爱而对微观企业财务行为产生影响有直接渠道和间接渠道两个路径:首先,由于地域偏爱情结的存在,官员在制定和执行政策时会(隐性或显性地)主动惠及这些地区,从而对当地上市公司涉及政治资源的财务行为产生影响,此即地域偏爱的直接渠道;其次,更为重要的是,在普遍存在潜规则的背景下,高级官员的地域偏爱情结让其他官员有了"献殷勤"和"获取关注"的机

---

[1] 梁漱溟,2005,《中国文化要义》,上海:上海人民出版社,第159—162页。
[2] 大部分官员的户籍地即出生地,少部分户籍地和出生地分离。但两个地方均可以统称为家乡(费孝通,1948)。
[3] 我国党政干部任职条例对户籍地/出生地的任职有严格限定。例如,中共中央办公厅于2006年颁布《党政领导干部交流工作规定》,规定领导干部不得在本人成长地担任县(市)党委、政府以及纪检机关、组织部门、人民法院、人民检察院、公安部门正职领导成员,一般不得在本人成长地担任市(地、盟)党委、政府以及纪检机关、组织部门、人民法院、人民检察院、公安部门正职领导成员;2011年《公务员回避规定(试行)》明确指出"公务员担任县、乡党委、政府正职领导成员的,应当实行地域回避,一般不得在本人成长地担任市(地、盟)党委、政府正职领导成员";2014年颁布的《党政领导干部选拔任用工作条例》规定"领导干部不得在本人成长地担任县(市)党委和政府以及纪检机关、组织部门、人民法院、人民检察院、公安部门正职领导成员,一般不得在本人成长地担任市(地、盟)党委和政府以及纪检机关、组织部门、人民法院、人民检察院、公安部门正职领导成员"。与直接政治关联(比如管理层的政府背景)相比,离政治权力中心越近带来的更多是间接的政治关联,其逻辑渠道是通过政治权力传染或渗透而得(Kim et al.,2012)。

会,并相应地对"关系"所属地上市公司进行政策倾斜,与此同时"关系"所属地的官员也能利用这种偏爱情结向上级争取更多的政策支持,当地上市公司也容易与高级官员建立起"桥梁",所以即使省长/省委书记不直接对所属地进行政策倾斜,地域偏爱的作用和影响依然可能存在,此即地域偏爱的间接渠道。如果掌握核心资源的政府官员的主政地在某地区,那么在地域偏爱情结下该地区的上市公司距离政治权力中心更近,能获取更多的资源和政策倾斜。如果把某个核心官员的地域偏爱比作主政关系的"点",那么基于地域偏爱而定义的中国背景下的政治权力距离便是主政关系的"面"。对于中国各省份的政治权力分配而言,权力的中心无疑是省级核心领导人——省长和省委书记,据我们的统计(见图1),2003—2013年间拥有省长/省委书记主政关系的地级市上市公司平均超过11.5%,比例最高年份达到16%。在政府控制资源分配、政府官员具有核心影响力的大背景下,一个具体的待解决的"乡土问题"便是:具有较大权力的核心政府官员是否因对曾经主政地区的"地缘关系"带来的地域偏爱情结而对微观企业的财务行为产生影响?在企业的各类财务行为中,政府补助与政府直接相关且对公司影响较大,而且政府补贴是政府体现并落实其产业政策的重要工具。2016年下半年以来,关于产业政策的大讨论中[4],政府补贴因被很多学者认为是政府干预微观经济、扭曲市场机制的一个重要原因而广受诟病。所以本文基于公司获取政府补助的视角来研究上述问题。

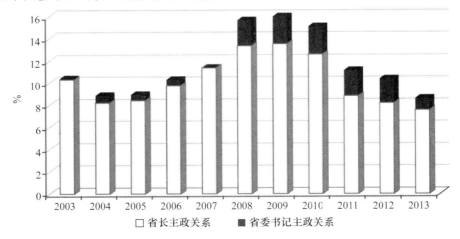

图1 省长/省委书记基于主政关系的偏爱地域比例

---

[4] 《南方周末》在2016年11月10日描述林毅夫、张维迎的产业政策之争时评论道:"产业政策通过对不同产业、不同企业在市场准入、税收和补贴等方面的区别对待,创造出权力租金,这必然导致企业家和政府官员的寻租行为,新能源汽车骗补就是一个典型的例子。"

具体地,本文把省长/省委书记在所管辖省份内曾经的重要任职经历地定义为拥有省级核心领导人主政关系的区域,即省长/省委书记的情系之地,并研究拥有这种主政关系的上市公司政府补助的获取能否享受核心政府官员的地域偏爱。我们手工搜集了各省省长/省委书记的个人资料,识别出他们在本省任现职之前的主政经历(如曾担任某地级市的市委书记、市长、市委副书记、副市长等重要职务),结合2004—2014年的上市公司数据,实证结果发现,省级领导人对处于其重要任职经历所在地域的上市公司表现出明显的地域偏爱情结,表现在拥有主政关系的上市公司获得了更多的政府补助,且这一结果主要体现在拥有地方政府政治关联或最终控制人为国有的上市公司中,说明公司通过主政关系获取收益需要依赖于核心政府官员的权力渗透程度;进一步研究发现,上述关系因官员主政关系的强度和地区腐败程度不同而有所差异,若省长/省委书记在地级市主政期间,该市现任的市长/市委书记也在同期于该市的区、县、政府部门任职,以及省长/省委书记主政超过5年的地级市,或者该省的腐败程度较高,则主政关系对偏爱地域上市公司政府补助获取的影响更明显;尽管地域偏爱为特定地区的上市公司带来了更多的政府补助,但相应的经济绩效和社会绩效并没有明显提升,这一发现也印证了近期产业政策大讨论中学者们对政府主导的资源配置模式的批评;此外,还发现拥有省级领导人的老乡关系对公司获得政府补助没有显著影响。

本文可能的研究意义有如下几点:(1)以往多数公司财务研究基于管理层/股东的政府背景或宏观的政府干预环境来研究政商关系,而在政治经济学领域少数研究开始关注官员个体特征对宏观经济的影响(Kramon and Posner, 2012;Hodler and Raschky,2014;Burgess et al.,2015;张平等,2012;范子英和李欣,2014;李淑娟等,2016),国外也开始有一系列文章关注政治权力距离对公司的影响(Kim et al.,2012;Pastor and Veronesi,2012;Pastor and Veronesi, 2013;Antia et al.,2013;Pantzalis and Park,2014),本文则较早地将官员的地域偏爱因素引入微观公司财务领域,提供了中国制度背景下特有的官员地域偏爱与企业政府补助的相关证据,而且相对于以往基于官员出生地/户籍所在地的研究,我们集中于官员的核心职务经历所在地,拓展了相关文献。(2)以往研究政府官员干预微观经济的动机主要集中在政治晋升激励(Li and Zhou,2005;周黎安,2004;周黎安等,2005;周黎安,2007;徐现祥和王贤彬,2010;钱先航等, 2011),本文则从官员的地域偏爱情结拓展了相关文献,而且地域偏爱视角也夯实了宏观经济政策影响微观企业行为的具体影响渠道和作用机理（姜国华和饶品贵，2011；侯青川等，2015），也为张平等（2012）和李飞跃等（2014）的研究发现提供了一定的微观基础。（3）本文还具有较强的实践和政策意义：首先，支持了十八届三中全会《中共中央关于全面深化改革若干重大问题的决定》所要求的"加强和改进对主要领导干部行使权力的制约和监督"[5]；更为重要的是，结论还从经验证据上支持了 2011 年《公务员回避规定（试行）》、2014 年《党政领导干部选拔任用工作条例》等中央规定中对"地域回避"的规定，同时我们呼吁政府监管部门拓展对"地域回避"的规定，关注官员在担任更大官职之后对于自己曾经发迹地的"回馈"和"偏爱"，以及可能由此引发的区域间的不平等和资源配置的扭曲；最后，由于政府补贴是产业政策的一种重要方式，本文的结论也为 2016 年以来学术界、实务界和监管界关于产业政策的大讨论提供了证据。

本文后续部分安排如下：第二部分为文献综述，第三部分介绍制度背景并进行理论分析，实证研究设计在第四部分，第五部分报告实证分析结果，第六部分是结论与政策启示。

二、文献综述

（一）领导人地域偏爱与公共资源配置

现阶段关于核心领导人地域偏爱的相关研究主要集中在政治经济学领域：Larcinese et al.（2006）发现总统对联邦政府预算资金的配置有显著影响，那些在选举时大力支持总统的州相比于摇摆不定的州获得了更大的预算额度。Faccio and Parsley（2009）研究发现，在美国当重要官员死亡时，总部位于其家乡的公司平均价值会下降 1.7%，并伴随着收入增长率下降以及借款融资渠道减少。Berry et al.（2010）通过对美国 24 年间财政资金走向的分析，发现执政党所在的地域能获得更多的财政资金。通过 126 个国家 38 427 个地区夜晚灯光亮度的卫星数据以及国家领导人的出生地信息发现，现任国家领导人、政治领袖的出生地夜晚灯光亮度更大，且在政治制度更弱和教育水平更低的国家表现得尤为明显。李书娟等（2016）则从身份认同视角解释和发现了在中国制度

---

[5] 2013 年 11 月 15 日《中共中央关于全面深化改革若干重大问题的决定》发布，指出"要形成科学有效的权力制约和协调机制""规范各级党政主要领导干部职责权限""加强和改进对主要领导干部行使权力的制约和监督，加强行政监察和审计监督"。

背景下结论的一致性。Kramon and Posner(2012)和 Burgess et al.(2015)利用肯尼亚的数据发现,与总统同一种族的地区明显得到了来自总统的偏爱,在这种偏爱的影响下,这些地区得到了更多的教育资源和相当于其他地区两倍的公路建设资金。范子英和李欣(2014)借助 2003 年各部委换届的研究契机,发现部委官员能为其来源地带来更多的财政专项转移支付。Kim et al.(2012)认为如果公司在注册地选举时支持了更多的核心政府官员(美国总统、美国国家参议院和众议院委员、各州参议院和众议院委员),则公司离政治核心权力的距离更近,公司的业绩更好。

(二) 官员个体特征、行为与地方经济增长

在中国经济以奇迹般速度增长的过程中,地方官员对当地经济发展所体现出的兴趣和热情在世界范围内可能也是不多见的,从 20 世纪 80 年代开始的地方官员之间围绕 GDP 增长而进行的"晋升锦标赛"模式是理解政府激励与增长的关键线索之一(周黎安,2007)。关于中国地方政府官员影响地区经济发展的研究主要集中于从官员的政治激励视角来探讨,政治激励不仅解决了地方官员发展辖区经济的动力问题,而且也影响到地方官员在区际关系上的行为。地方官员不仅要面对与前任官员的"无形竞争",还要面对同级官员的"有形竞争",即地方官员面临横向维度的标尺竞争(Besley and Case,1995)。Li and Zhou (2005)运用中国改革以来的省级水平的数据系统地验证了地方官员晋升与地方经济绩效之间的显著关联,省级官员的升迁概率与省区 GDP 的增长率呈显著的正相关关系,为地方官员晋升激励的存在提供了经验证据。徐现祥等(2007)从地方官员交流的角度考察了地方官员对辖区经济增长的影响,结果发现省长交流能够使流入地的经济增长速度显著提高;张军和高远(2007)发现地方官员任期内的经济增长轨迹呈现倒"U"形变动,同时也发现官员交流对经济增长有积极的影响;王贤彬和徐现祥(2008)发现了不同来源和去向类型的省长/省委书记的经济增长绩效显著不同,官员在经济绩效上存在显著的异质性;张平等(2012)研究发现,中央官员对其籍贯地省份的经济增长具有重要的作用,而李飞跃等(2014)和刘明兴等(2015)认为地方干部对非正式制度的影响是造成地区间发展差距的历史根源;钱先航等(2011)发现地方官员的晋升压力及任期对城商行的贷款行为有明显的影响;罗党论和应千伟(2012)则从官员访问视角研究并发现官员视察活动对企业的绩效有显著的积极影响。Julio and

Yook(2012)、曹春方(2013)、徐业坤等(2013)、戴亦一等(2014)、陈德球等(2016)发现官员变更造成的不确定性对企业的投资活动、慈善捐赠、避税行为产生了重大影响。

(三) 政治关联与公司政府补助

近年来政治关联视角的公司财务研究成果较为丰富,本文则集中于政府对上市公司政府补助行为影响的相关文献:陈晓和李静(2001)发现地方政府积极参与了上市公司的盈余管理,对上市企业进行了大面积的税收优惠和财政补贴。陈冬华(2003)发现地方政府影响越大,上市公司越可能获得更多的补贴收入。Faccio et al. (2006)发现政治关联可以带来政府的优先救助,在1997—2002年间有11.3%的政治关联企业接受了本国政府"一揽子援助计划",比较而言,只有4.4%的非政治关联企业接受了类似的救助;朱松和陈运森(2009)发现政府会基于企业的社会责任、对当地影响的重要程度等因素对企业进行各种补助,潘越等(2009)以中国ST公司为样本,分析了政治关联对财务困境公司获取政府补助的影响,发现政治关联对处于财务困境中的民营企业获取政府补助有显著影响,但对国有企业的作用并不显著。步丹璐和郁智(2012)、孔东民等(2013)发现政府补助的分配明显向国有企业倾斜,郭剑花和杜兴强(2011)认为民营企业的政治关联会带来更多的政府补助,但同时企业要承担更多的冗员负担,而余明桂等(2010)发现有政治关联的企业降低了政府补贴的经济效益和社会效益,在制度环境较差的地区演变成企业寻租的重要手段。

梳理上述三个领域的文献可以发现,目前研究政府影响的文献主要从宏观的地区政府干预和微观的企业高管政府背景入手。尤其是从高管政府背景切入进而探讨政治关联与公司财务行为的研究已经非常丰富,然而核心官员地域偏爱视角的研究尚需深入;而政府补助领域也尚未有官员个体视角下的影响机制研究。本文则尝试将政治经济学领域领导人地域偏爱的研究视角引入微观公司财务,对公司政府补助的获取这一重要问题进行探讨。

三、制度背景与理论分析

在经济转型期和市场经济尚不成熟的中国,政府掌握了企业发展所需的多种重要资源,然而政府本身是一个抽象的概念,如同黑匣子一般,很多传统研究都忽略了政府的行为会受到核心官员的影响,尤其忽略了上市公司与那些对经济资源的分配有重要决定权的官员之间的关系。事实上,在我国以财政分权为特征的官员任职体制中,核心政府官员作为政治权力的代表,可以依据国家法律以及政府规章制度在其所辖区内制定经济政策,从而直接或间接地对辖区内的企业产生影响,而且地方官员可以影响地区的非正式政治制度,进而影响经济发展的环境(李飞跃等,2014;刘明兴等,2015)。所以政府与企业之间的关系可以从核心官员的角度进行考察。在中国目前的行政体系下,对于一个省(直辖市、自治区)来说,政府的人事、经济等权力极大地集中在省长/省委书记手中:省长主抓经济,与微观企业联系紧密;而省委书记虽然主抓人事和党建,但对本省经济事务的实质干预也非常明显,在一把手负责制下,省委书记对微观经济的影响同样不可忽视。作为一省最为核心的政府官员,他们对该省的经济政策、宏观调控的影响非常明显,该省的上市公司自然也在其权力的辐射范围之内。然而,现有政治经济学领域的文献主要集中于锦标赛的晋升逻辑来解释省长/省委书记对所管辖省份经济增长的作用(Li and Zhou,2005;徐现祥和王贤彬,2010),但在给定晋升激励不变(省长/省委书记的激励更多基于本省的整体经济行为而非不同市级层面的行为)的基础上,对于省区内的不同地级市,省长/省委书记对资源的配置却可能受地域偏爱情结的影响而体现出差异性。

从实证公司财务研究视角,由于"血缘关系"较难进行大样本数据搜集与实证检验,而"地缘关系"是"血缘关系"的自然扩展,地域上的靠近可以说是血缘上亲疏的一种反映,是社会化了的空间(费孝通,1948),所以地缘关系是研究的一个突破口。本文所研究的省级领导人地域偏爱集中于其曾经在某一个地区任核心职位的工作经历所在地,以省长/省委书记为例,由于其权力辐射范围为本省,所以如果他在任现职之前的核心工作经历所在地在本省某一市,那么该地的上市公司更容易为省长/省委书记情之所系,享受资源、政策倾斜等地域偏爱。实际上,诸多官员晋升选拔制度如《党政领导干部选拔任用工作条例》(2014)和《公务员回避规定(试行)》(2011)等都明确提出了官员任用的"地域回避"制度,然而此类规定仅仅是对户籍地或出生地的当地任职进行限制,对官员(尤其是省级官员)在担任更大官职之后对于曾经发迹过的地方的"回馈"和"偏爱"却没有很明确的限制条款。上述背景下一个待解决的"乡土问题"便是:具有较大权力的核心政府官员是否因"地缘关系"带来的地域偏爱而对微观企业财务行为产生影响?

正如上文所述,本文定义的地域偏爱来源于省长/省委书记曾在地级市任重要职位的主政关系,主政关系对微观企业的影响体现为直接和间接两种逻辑。一方面,主政关系不但是官员个体对其家乡、"发迹地"等有重要意义的城市特殊情感的流露,也与仍在曾任职地工作的其他官员、企业家的交际网络和人情往来密切相关。中国人特有的"不忘本""情系故地"的情结自然地让省长/省委书记对令其政治生涯腾飞的地域偏爱有加,从而会"主动地"尽自己的所能通过显性或隐性的方式引导经济政策向该区域倾斜,便利当地企业的资源获取;另一方面,在人情社会、"圈子文化"影响下的中国,目前在省长/省委书记曾主政地任职的官员和该地的企业家,也会因曾与省长/省委书记共事的特殊经历架起与高级官员联系的桥梁。其他官员意识到省长/省委书记的地域偏爱情结,也会有向上级"献殷勤"以获取关照的动机,尽可能迎合省长/省委书记的偏好,主动融入省长/省委书记与其主政地之间的关系网络(李飞跃等,2014;刘明兴等,2015),而区域竞争下的官员晋升锦标赛(Li and Zhou, 2005;周黎安等,2005;周黎安,2007)更是进一步激发了地方官员"经营"主政关系获取资源的强烈动机。可见,即使省长/省委书记不直接干预,主政关系也可以间接地帮助关系地获取更多的经济资源。总而言之,在市场经济的背景和我国的权力层级下,社会关系已经不仅仅是单纯的联系纽带,更多的是一种资源获取的渠道,它能把人情资源转化成其他类型的社会资源。

由于财政补贴是政府根据一定时期有关政治、经济的方针和政策,按照特定目的,由财政安排专项资金向微观经济活动主体(企业或个人)提供的一种无偿的转移支付,而且是政府落实并体现产业政策的主要政策工具,因此研究我国上市公司的补贴收入问题,必须从研究政府角色及其影响开始(陈冬华,2003)。在中国制度背景下,上市公司获取政府补贴很难脱离政府的影响和意志而独立存在(陈晓和李静,2001),所以现有研究基于政府干预和政治关联的视角研究了影响政府补贴的因素:余明桂等(2010)认为地方政府基于政治联系的财政补贴支出会扭曲整个社会稀缺资源的有效配置,降低社会的整体福利水平。朱松和陈运森(2009)则发现政府会基于企业的社会责任、对当地的影响程度、自身的财政实力等因素对企业进行补贴。然而,上述研究是基于官员自身晋升激励视角的逻辑,我们认为,地方政府的决策受核心官员的影响,而在人情社会的中国,核心官员对财政补贴行为的干预除了自身晋升动机必然还有其他人情方面的考量。结合上述核心政府官员地域偏爱的直接和间接作用渠道逻辑,如果上市公司处于省长/省委书记曾经"发光发热"的地区,相对于本省其他地区的上市公司而言,在其他条件一定的情况下,省长/省委书记的光环效应会影响到政府补贴的获取,而且无论这一干预是省长/省委书记本人做出,还是其他的政府官员(包括所在地的市长/市委书记)为了"俘获"省长/省委书记而做出的举动,客观来说都会使得处于偏爱地域的上市公司获得更多政府补贴。基于以上分析,我们提出假设1:

假设1 相对于本省其他地区的上市公司,如果该地区拥有省长/省委书记的地域偏爱,则该地区的上市公司能获取更多的政府补助。

上述逻辑从整体上论及了省长/省委书记的地域偏爱对上市公司获取政府补助的影响,那么接下来一个自然而然的问题便是:什么样的公司更能通过核心官员在中国人情社会下获得这种特有的地域偏爱情结,获取更多的政策优惠和经济资源?我们将从官员地域偏爱所依赖的权力渗透程度来进行讨论。省长/省委书记等核心官员虽然手握影响地方财政、经济的大权,然而权力行使的效力、官员进行政府干预的意愿和政府干预的效果无疑会受到关系的亲疏远近和政府对经济"参与程度"的影响,并最终体现为核心官员在上市公司权力渗透程度上的差异。由于不同类型的公司获取政治资源的能力不同(Fan et al.,2007),并非所有的公司都具备借助核心官员心存地域偏爱情结并因势利导的先天禀赋和有效渠道,而且中国目前正部级及以上的官员寥寥无几,省长/省委书记也是数年一轮,更加凸显了其"大人物"的稀缺特性和公司建立"公司——核心官员"有效联结的困难程度。尽管已有相应证据表明前述地域偏爱的确能通过财政转移支付等方式在地级市的层面上有所体现(范子英和李欣,2014),但对于处于省长/省委书记主政经历所在地的上市公司而言,它们背景的差异很大程度上决定了企业与省长/省委书记有怎样的接触平台,以及能在多大程度上得到省长/省委书记的偏爱。基于以上的分析,我们将区分上市公司是否具有地方政府政治关联、是否为国有企业来进行深入分析,并以此为契机,进一步深化对"核心官员——企业"间地域偏爱关系的建立机制和作用渠道的深层认识。

首先,拥有政治关联的企业可能会通过对某些政府官员进行"投资",拉拢、维系和腐蚀个别的政府官员来建立特殊的"政治联系",以获取某些特权和优惠(郭剑花和杜兴强,2011)。同时,若企业的高管、大股东有政府背景,或曾在政府任职,则其与当地核心官员在工作上接触的机会更多,从而通过省长/省委书记昔日的同事介入更高层级的政商关系网络,甚至可能在省长/省委书记在该市任职时期就与省长/省委书记有直接的交集。因此,企业的直接政治关联(此处特指以往研究对政治关联的定义)是在省长/省委书记偏爱的地域上获取间接政治关联的重要平台,直接和间接的政治关联对企业而言有互补效应,具有直接政治联系(尤其是地方政府政治背景)且处于省长/省委书记偏爱地域的上市公司更能获得省长/省委书记"关照"。据此,我们提出假设2:

假设2 相对于无地方政府政治关联的企业,省长/省委书记的地域偏爱对政府补助的影响在拥有地方政府政治关联的企业更为显著。

其次,在终极产权性质不同的企业中,地域偏爱对企业获取政府补助的影响也存在差异,诸多研究发现,政府对国有企业确有偏袒,政府的干预影响了国有企业和民营企业的发展方式(潘红波等,2008;侯青川等,2015),而且地方政府通过市场分割等手段对国有企业进行隐性的补贴(刘瑞明,2012;李文贵和邵毅平,2016)。从国有上市公司的本质来看,作为具有中国特色社会主义市场经济中的国有上市公司,实际控制人可以追溯到中央及地方政府,而对于本省范围内的国有企业,省长/省委书记的关注要比民营企业更甚,相关政策本身就明显地向国有企业倾斜(步丹璐和郁智,2012;孔东民等,2013),再加上国有企业与政府的天然联系,地区领导人的权力渗透程度更强,国有企业受到地域偏爱的程度自然就更高。据此,我们提出假设3:

假设3 相对于民营企业,省长/省委书记的地域偏爱对政府补助的影响在国有企业更为显著。

四、研究设计

(一)样本选取和数据来源

本文以2004—2014年的A股上市公司组建初始样本[6],剔除了金融行业、注册地位于西藏以及重要变量缺失的上市公司,最终获得17 006个公司/年度观测值,涵盖30个省/直辖市/自治区,共237个地级市。我们手工搜集了各省/直辖市/自治区历任省长(市长/自治区主席)、省委书记(市委书记/自治区党委书记)的个人简历并整理了这些官员在就任省长/省委书记前的任职履历。

---

[6] 由于模型对解释变量进行滞后一期处理,所以官员主政关系变量的区间为2003—2013年。

此外,政治关联的数据根据上市公司的董事长和总经理的个人简历手工整理获得,政府补助数据来源于 CSMAR 数据库和锐思数据库[7];其他的上市公司财务数据来自 CSMAR 数据库;各地级市的宏观经济指标来自国泰安区域经济数据库;行业信息来自 CCER 色诺芬数据库。为了克服极端值对研究结果的影响,我们剔除了因变量大于 99% 分位数的观测值,并对文中涉及的其他公司层面的连续变量进行了上下 1% 分位数的缩尾(Winsorize)处理。

(二) 实证模型

为了验证假设 1,构建了如下回归模型:

$$\begin{aligned} \mathrm{Sub\_}a_{i,t} = & \beta_0 + \beta_1 \mathrm{ReginFavor}_{i,t-1} + \beta_2 \mathrm{Size}_{i,t-1} + \beta_3 \mathrm{Lev}_{i,t-1} + \beta_4 \mathrm{Growth}_{i,t-1} + \\ & \beta_5 \mathrm{Burden}_{i,t-1} + \beta_6 \mathrm{Shrhfd5}_{i,t-1} + \beta_7 \mathrm{SOE}_{i,t-1} + \beta_8 \mathrm{Loss}_{i,t-1} + \\ & \beta_9 \mathrm{HHI}_{i,t-1} + \beta_{10} \mathrm{Fiscal\ Rev}_{i,t-1} + \mathrm{Year}_{i,t} + \\ & \mathrm{Industry}_{i,t} + \mathrm{Province}_{i,t} + \varepsilon_{i,t} \end{aligned} \quad (1)$$

模型(1)中,Sub_a 为被解释变量,考虑到相同数额的政府补助对于规模不同的企业有不同的影响,因此我们用政府补助总额平减总资产以消除规模化的影响(孔东民等,2013)。为保证稳健性,我们对该变量进行了行业中值调整 Adj_Sub_r、使用营业收入作为除数项消除规模化 Sub_r 以及使用政府补助的自然对数 Sub_l 考察主政关系是否能在总量上帮助上市公司获得更多的政府补助(步丹璐和王晓燕,2014)。[8]

ReginFavor 为解释变量,表示上市公司是否与时任的省长或省委书记存在主政关系,进而成为享受地域偏爱的对象。如果时任的省长或省委书记,曾在其所管辖省份的上市公司注册地(指注册地所在的地级市)担任过市委书记、市长、市委副书记、副市长或市委常委等地级市党委、市政府的核心职务,则变量 ReginFavor 取值为 1;在省长/省委书记无主政经历的地级市注册的上市公司,该变量取值为 0,我们预期回归系数 β_1 显著为正。对于省长/省委书记变更的年度,我们以任职时间超过 6 个月的官员作为定义主政关系的标准。依照上文所述的主政关系定义方法,我们有理由认为省长和省委书记在这些地级市任职期间有足够的政治地位、权威和影响力参与该地级市的经济建设,这种必要的

---

[7] 2007—2014 年的政府补助数据源自 CSMAR 数据库报表附注目录下的营业外收支数据库,通过关键词手工筛选和进一步整理获得,2004—2006 年的政府补助取自锐思数据库的补贴收入项目。
[8] 不同变量度量下的实证结果见稳健性检验。

政治身份、工作经历是官员和在该地级市的上市公司、企业家之间接触、交往并建立联系的重要环节和必不可少的条件,也是地域偏爱情结的来源。在具体分析中,我们既考查了省长/省委书记的综合主政关系(ReginFavor_A),也对来源于省长(ReginFavor_N)和省委书记(ReginFavor_S)的主政关系分别进行了讨论。

借鉴现有文献(朱松和陈运森,2009;余明桂等,2010;孔东民等,2013),在模型(1)中控制了资产规模Size、财务杠杆Lev、营业收入增长率Growth、超额的雇员负担Burden(陈信元和曾庆生,2006;郭剑花和杜兴强,2011)、股权集中度Shrhfd5和产权性质SOE。Loss为哑变量,若上市公司上一年度发生亏损则该变量取值为1,否则为0。另外,在模型中加入HHI以控制行业的竞争程度,加入FiscalRev(地级市的财政收入除以GDP)以控制地级市的财政状况;同时加入年度虚拟变量、行业虚拟变量,考虑到不同省、直辖市、自治区有着不同的政治、经济环境,进一步控制了省级层面的固定效应。考虑到主政关系发挥作用需要一定的时间(余明桂等,2010),同时也为了防止变量间的机械相关,我们对所有解释变量进行了滞后一期处理(孔东民等,2013)。

为验证假设2,在模型(1)基础上加入是否具有地方政府政治关联哑变量Pol和交互项RegionFavor×Pol以考察上市公司是否需要借助一定的政治背景才能获取主政关系带来的优惠。

$$\begin{aligned} \text{Sub\_a}_{i,t} = &\beta_0 + \beta_1 \text{ReginFavor}_{i,t-1} + \beta_2 \text{ReginFavor}_{i,t-1} \times \text{Pol}_{i,t-1} + \beta_3 \text{Pol}_{i,t-1} + \\ &\beta_4 \text{Size}_{i,t-1} + \beta_5 \text{Lev}_{i,t-1} + \beta_6 \text{Growth}_{i,t-1} + \beta_7 \text{Burden}_{i,t-1} + \\ &\beta_8 \text{Shrhfd5}_{i,t-1} + \beta_9 \text{SOE}_{i,t-1} + \beta_{10} \text{Loss}_{i,t-1} + \beta_{11} \text{HHI}_{i,t-1} + \\ &\beta_{12} \text{FiscalRev}_{i,t-1} + \text{Year}_{i,t} + \text{Industry}_{i,t} + \text{Province}_{i,t} + \varepsilon_{i,t} \end{aligned} \quad (2)$$

我们认为上市公司的地方政府政治背景会拉近其与当地主政官员之间的距离,更有可能为上市公司、企业家和当地的主政官员之间搭建起桥梁,创造政商之间建立、维持和巩固联系的捷径。而在这些主政官员晋升为省长/省委书记后,有政治背景的上市公司更可能通过省长/省委书记曾经的主政关系结下的"情谊",获得更多的政策扶植和经济补助。因此,预期交互项的回归系数β_2显著为正。

为验证假设3,我们在模型(1)的基础上,加入主政关系和产权性质的交互项,检验主政关系对政府补助的影响是否会因上市公司产权性质的不同而有所差别。

$$\begin{aligned}
\text{Sub\_}a_{i,t} = & \beta_0 + \beta_1 \text{ReginFavor}_{i,t-1} + \beta_2 \text{ReginFavor}_{i,t-1} \times \text{SOE}_{i,t-1} + \beta_3 \text{Size}_{i,t-1} + \\
& \beta_4 \text{Lev}_{i,t-1} + \beta_5 \text{Growth}_{i,t-1} + \beta_6 \text{Burden}_{i,t-1} + \beta_7 \text{Shrhfd5}_{i,t-1} + \\
& \beta_8 \text{SOE}_{i,t-1} + \beta_9 \text{Loss}_{i,t-1} + \beta_{10} \text{HHI}_{i,t-1} + \beta_{11} \text{FiscalRev}_{i,t-1} + \\
& \text{Year}_{i,t} + \text{Industry}_{i,t} + \text{Province}_{i,t} + \varepsilon_{i,t}
\end{aligned} \quad (3)$$

我们预期省长和省委书记更容易向国有企业进行权力渗透,进而影响政府补助的配置,因此交互项的回归系数预期为正。

考虑到因变量政府补助严格大于等于0,因此使用 Tobit 模型对各研究假设进行回归分析(朱松和陈运森,2009;孔东民等,2013)。为保证稳健性,也用OLS方法进行了回归[9]。模型(1)、模型(2)和模型(3)中所涉变量的计算方法见表1。

表 1 变量定义

变量名称	变量符号	变量定义
政府补助	$\text{Sub\_}a_t$	政府补助除以平均总资产
综合主政关系	$\text{ReginFavor\_A}_{t-1}$	在现任省长或现任省委书记曾任市委书记、市长、市委副书记、副市长或市委常委的同地级市注册的上市公司取值为1,否则为0
省长主政关系	$\text{ReginFavor\_N}_{t-1}$	在现任省长曾任市委书记、市长、市委副书记、副市长或市委常委的同省地级市注册的上市公司取值为1,否则为0
省委书记主政关系	$\text{ReginFavor\_S}_{t-1}$	在现任省委书记曾任市委书记、市长、市委副书记、副市长或市委常委的同省地级市注册的上市公司取值为1,否则为0
政治关联	Pol_{t-1}	上市公司董事长或总经理有地方政府背景则取值为1,否则为0
规模	Size_{t-1}	总资产的自然对数
财务杠杆	Lev_{t-1}	负债总额除以资产总额
成长性	Growth_{t-1}	营业收入增长率
雇员负担	Burden_{t-1}	超额雇员负担,参照曾庆生和陈信元(2006)、郭剑花和杜兴强(2011)的度量方法
股权集中度	Shrhfd5_{t-1}	前五大股东的股权集中度
产权性质	SOE_{t-1}	国有企业取值为1,民营企业取值为0
是否亏损	Loss_{t-1}	上市公司是否发生亏损,亏损的公司取值为1
行业竞争程度	HHI_{t-1}	根据上市公司营业收入计算的赫芬达尔指数
地区财政状况	FiscalRev_{t-1}	各个地级市的财政收入除以当地GDP
年度	Year	年度虚拟变量
行业	Industry	行业虚拟变量,采用证监会2001行业分类标准对各个行业进行划分,并将制造业细分至二级子类
省份	Province	省份/直辖市/少数民族自治区虚拟变量

---

[9] OLS 的回归结果未在文中报告,留存备索。

五、实证结果

（一）描述性统计

表2列示了核心变量的描述性统计结果。可以看到与省长/省委书记之间存在主政关系的观测值占13.5%，约10%的上市公司/年度观测值与省长存在主政关系，与省委书记存在主政关联的观测值约占4%，主政关系的比例较低与目前我国省长/省委书记多为异地调入的事实相符。政府补助占总资产比例的平均水平在0.4%左右，与孔东民等（2013）的结果接近。

表2 描述性统计

Variables	N	Mean	SD	Min	P25	P50	P75	Max
Sub_a	17 006	0.004	0.007	0.000	0.000	0.001	0.005	0.045
ReginFavor_A	17 006	0.135	0.340	0.000	0.000	0.000	0.000	1.000
ReginFavor_N	17 006	0.098	0.300	0.000	0.000	0.000	0.000	1.000
ReginFavor_S	17 006	0.038	0.190	0.000	0.000	0.000	0.000	1.000
Pol	16 618	0.270	0.440	0.000	0.000	0.000	1.000	1.000
Size	17 006	21.610	1.220	18.900	20.780	21.470	22.270	25.410
Lev	17 006	0.490	0.240	0.051	0.330	0.490	0.640	1.591
Growth	17 006	0.220	0.560	−0.700	−0.010	0.140	0.320	3.880
Burden	17 006	0.000	0.009	−0.016	−0.005	−0.001	0.003	0.037
Shrhfd5	17 006	0.180	0.130	0.014	0.083	0.150	0.260	0.570
SOE	17 006	0.570	0.500	0.000	0.000	1.000	1.000	1.000
Loss	17 006	0.120	0.320	0.000	0.000	0.000	0.000	1.000
HHI	17 006	0.070	0.059	0.018	0.035	0.048	0.082	0.360
FiscalRev	17 006	0.093	0.043	0.007	0.062	0.083	0.110	0.360

（二）回归分析

表3报告了假设1的实证结果。回归（1）中变量ReginFavor_A表示上市公司是否与省长或省委书记之间存在主政关系，该变量显著为正，说明省长/省委书记对其曾主政过的地级市的上市公司有一定程度的偏爱，这些地方的上市公司能够获得更多的政府补助，回归系数为0.07%，相比于表2显示的政府补助平均水平0.40%而言，在经济含义上也非常重要。回归（2）、回归（3）分别单独考察了来源于省长/省委书记的主政关系（变量分别为ReginFavor_N和ReginFavor_S），回归（4）则是同时将省长和省委书记的主政关系放入模型的实证结果。实证结果显示，省长和省委书记的主政关系都有助于上市公司获得更

多的政府补助,且省委书记主政关系的回归系数大于省长主政关系的回归系数,表明省委书记会给有主政关系的上市公司更多的政策偏爱,这也与我国在"党领导政府"的政治制度下,省委书记是真正的"一把手"的事实相吻合。我们也用OLS方法对假设1进行了检验,实证结果与Tobit模型基本一致(限于篇幅未报告OLS的回归结果)。综合来看,表3的实证结果表明省长和省委书记对曾经主政地的上市公司更为偏爱,使得这些上市公司获得了更多的政府补助。

表3 主政关系和政府补助

Variables	(1) Sub_a	(2) Sub_a	(3) Sub_a	(4) Sub_a
RegionFavor_A	0.0007			
	(3.15)***			
RegionFavor_N		0.0005		0.0006
		(2.10)**		(2.38)**
RegionFavor_S			0.0007	0.0009
			(2.13)**	(2.47)**
Size	0.0002	0.0002	0.0002	0.0002
	(2.71)***	(2.72)***	(2.73)***	(2.71)***
Lev	−0.0025	−0.0025	−0.0025	−0.0025
	(−7.25)***	(−7.23)***	(−7.23)***	(−7.25)***
Growth	−0.0001	−0.0001	−0.0001	−0.0001
	(−0.95)	(−0.96)	(−0.97)	(−0.96)
Burden	0.0589	0.0587	0.0580	0.0588
	(7.03)***	(7.01)***	(6.93)***	(7.01)***
Shrhfd5	−0.0015	−0.0015	−0.0014	−0.0015
	(−2.75)***	(−2.74)***	(−2.67)***	(−2.74)***
SOE	−0.0005	−0.0005	−0.0005	−0.0005
	(−3.14)***	(−3.04)***	(−3.06)***	(−3.15)***
Loss	−0.0016	−0.0016	−0.0016	−0.0016
	(−8.28)***	(−8.32)***	(−8.29)***	(−8.27)***
HHI	−0.0011	−0.0011	−0.0011	−0.0012
	(−0.45)	(−0.43)	(−0.44)	(−0.46)
FiscalRev	0.0039	0.0042	0.0038	0.0038
	(1.24)	(1.36)	(1.23)	(1.20)
Constant	0.0031	0.0030	0.0030	0.0030
	(2.14)**	(2.13)**	(2.10)**	(2.13)**
Year/ Industry/ Province	√	√	√	√
N	17 006	17 006	17 006	17 006
F-Value	36.38***	36.30***	36.38***	35.91***

注:括号中的数字为经White异方差修正后的t统计量,*、**、***分别表示统计量在10%、5%和1%的水平下显著。

表 4 报告了假设 2 的回归结果:无论是省长还是省委书记,其主政关系与上市公司是否有政治关联的交互项均显著为正。这一结果表明上市公司的政治背景是与省级高级官员建立联系,并利用主政关系获取政府资源的重要途径,这一结果也进一步印证了在我国"关系"和权力在资源配置中的重要作用。与表 3 的结果相似,在表 4 的实证结果中我们也发现相比于省长,省委书记给予曾主政地的上市公司的政策"偏爱"更多。OLS 回归与 Tobit 模型的回归结果一致(限于篇幅未报告)。

表 4 主政关系、政治关联和政府补助

Variables	(1) Sub_a	(3) Sub_a	(5) Sub_a	(7) Sub_a
RegionFacor_A	0.0001			
	(0.42)			
RegionFavor_A×Pol	**0.0023**			
	(4.95)***			
RegionFavor_N		0.0001		0.0002
		(0.40)		(0.55)
RegionFavor_N×Pol		**0.0015**		**0.0016**
		(2.87)***		(3.08)***
RegionFavor_S			−0.0001	−0.0001
			(−0.38)	(−0.15)
RegionFavor_S×Pol			**0.0039**	**0.0041**
			(4.49)***	(4.61)***
Pol	−0.0004	−0.0002	−0.0002	−0.0003
	(−2.41)**	(−1.42)	(−1.40)	(−2.39)**
Size	0.0002	0.0002	0.0002	0.0002
	(2.40)**	(2.45)**	(2.44)**	(2.40)**
Lev	−0.0025	−0.0024	−0.0024	−0.0025
	(−7.10)***	(−7.04)***	(−7.09)***	(−7.13)***
Growth	−0.0001	−0.0001	−0.0001	−0.0001
	(−1.09)	(−1.07)	(−1.13)	(−1.11)
Burden	0.0574	0.0573	0.0571	0.0575
	(6.77)***	(6.75)***	(6.74)***	(6.78)***
Shrhfd5	−0.0013	−0.0013	−0.0013	−0.0013
	(−2.52)**	(−2.47)**	(−2.36)**	(−2.48)**
SOE	−0.0005	−0.0005	−0.0005	−0.0005
	(−3.30)***	(−3.22)***	(−3.13)***	(−3.26)***
Loss	−0.0016	−0.0016	−0.0016	−0.0016
	(−8.23)***	(−8.25)***	(−8.16)***	(−8.18)***

(续表)

Variables	(1) Sub_a	(3) Sub_a	(5) Sub_a	(7) Sub_a
HHI	−0.0009	−0.0008	−0.0008	−0.0009
	(−0.35)	(−0.31)	(−0.32)	(−0.35)
FiscalRev	0.0039	0.0043	0.0036	0.0037
	(1.24)	(1.36)	(1.15)	(1.16)
Constant	0.0038	0.0037	0.0036	0.0038
	(2.61)***	(2.55)**	(2.48)**	(2.57)**
Year/Industry/Province	√	√	√	√
N	16,618	16,618	16,618	16,618
F-Value	34.64***	34.40***	34.71***	33.82***

注：括号中的数字为经 White 异方差修正后的 t 统计量，*、**、*** 分别表示统计量在 10%、5% 和 1% 的水平下显著。

在表 5 回归(1)中，主政关系和产权性质的交互项显著为正，说明省长/省委书记的权力更容易向国有企业渗透，并对注册于曾主政地的国有企业表现出明显的偏爱，这些企业能够获得更多的政府补助。总体而言，表 5 的实证结果支持了研究假设 3。

表 5　主政关系、产权性质和政府补助

Variables	(1) Sub_a	(3) Sub_a	(5) Sub_a	(7) Sub_a
RegionFavor_A	−0.0001			
	(−0.38)			
RegionFavor_A×SOE	0.0013			
	(3.42)***			
RegionFavor_N		−0.0001		−0.0001
		(−0.40)		(−0.32)
RegionFavor_N×SOE		0.0011		0.0011
		(2.38)**		(2.56)**
RegionFavor_S			−0.0000	0.0000
			(−0.08)	(0.10)
RegionFavor_S×SOE			0.0012	0.0013
			(1.99)**	(2.16)**
SOE	−0.0006	−0.0006	−0.0005	−0.0006
	(−4.09)***	(−3.62)***	(−3.30)***	(−4.02)***
Size	0.0002	0.0002	0.0002	0.0002
	(2.74)***	(2.73)***	(2.75)***	(2.74)***
Lev	−0.0024	−0.0024	−0.0024	−0.0024
	(−7.16)***	(−7.19)***	(−7.20)***	(−7.17)***

(续表)

Variables	(1) Sub_a	(3) Sub_a	(5) Sub_a	(7) Sub_a
Growth	−0.0001	−0.0001	−0.0001	−0.0001
	(−0.96)	(−0.97)	(−0.96)	(−0.96)
Burden	0.0584	0.0585	0.0579	0.0583
	(6.97)***	(6.98)***	(6.92)***	(6.96)***
Shrhfd5	−0.0014	−0.0015	−0.0014	−0.0014
	(−2.71)***	(−2.73)***	(−2.65)***	(−2.70)***
Loss	−0.0016	−0.0016	−0.0016	−0.0016
	(−8.26)***	(−8.31)***	(−8.28)***	(−8.24)***
HHI	−0.0010	−0.0010	−0.0010	−0.0010
	(−0.38)	(−0.41)	(−0.40)	(−0.39)
FiscalRev	0.0035	0.0040	0.0038	0.0034
	(1.12)	(1.28)	(1.22)	(1.09)
Constant	0.0031	0.0031	0.0029	0.0031
	(2.16)**	(2.18)**	(2.05)**	(2.13)**
Year/ Industry/ Province	√	√	√	√
N	17 006	17 006	17 006	17 006
F-Value	35.88***	35.81***	35.86***	34.94***

注：括号中的数字为经White异方差修正后的t统计量，*、**、***分别表示统计量在10%、5%和1%的水平下显著。

(三) 进一步分析

1. 主政关系强度与地区腐败程度的影响

我们认为主政关系在所偏爱区域间也有强弱之分，省长/省委书记与地级市市长/市委书记之间的工作背景联系和省长/省委书记在所偏爱的地级市更长的主政时间可能会使主政关系在这些地级市发挥更强的作用。表6以存在主政关系的上市公司为样本，进一步研究了更强的主政关系是否会为上市公司带来更多的政府补助。变量Job表示省长/省委书记在地级市主政时，现任的市长/市委书记是否恰好也在该地级市的政府部门工作，该指标反映了省、市领导之间的关系密切程度。列(1)的回归结果表明，Job刻画的省市领导间的工作关系是影响上市公司获得政府补助的重要因素。列(2)中的Year5用于刻画省长/省委书记对地方情感的深厚程度，表示省长/省委书记在该地级市的主政时间是否超过5年，实证结果表明，省级领导在地方的工作时间越长，主政关系发挥的作用越明显。此外，"关系"作用的发挥以及支撑地域偏爱行为的逻辑会因不同省份腐败程度的差异而有所不同，一般来说，在腐败程度更高的省份，上市公司和各级官员利用地域偏爱谋取便利的空间可能更大,地域偏爱行为更明显。我们借鉴吴一平(2008)等学者以各个省份每万公职人员犯罪数作为地区腐败程度的代理变量(Corruption 为哑变量,若该省的数值大于当年中位数则取 1,否则为 0),该变量在 10% 的水平下显著为正,验证了我们的猜想。[10]

表 6 基于主政关系强度与地区腐败程度的进一步分析

Variables	(1) Sub_a	(2) Sub_a	(3) Sub_a
Job	0.0024		
	(4.20)***		
Year5		0.0012	
		(1.88)*	
RegionFavor_A			−0.0000
			(−0.05)
RegionFavor_A×Corruption			0.0007
			(1.73)*
Corruption			0.0001
			(0.96)
Size	−0.0004	−0.0004	0.0002
	(−1.72)*	(−1.73)*	(2.53)**
Lev	−0.0036	−0.0035	−0.0024
	(−2.65)***	(−2.55)**	(−7.14)***
Growth	−0.0003	−0.0003	−0.0001
	(−0.90)	(−0.78)	(−0.82)
Burden	0.0267	0.0304	0.0560
	(0.97)	(1.11)	(6.74)***
Shrhfd5	0.0046	0.0049	−0.0014
	(2.55)**	(2.70)***	(−2.59)***
SOE	0.0006	0.0007	−0.0005
	(1.33)	(1.58)	(−3.52)***
Loss	−0.0016	−0.0014	−0.0017
	(−2.27)**	(−2.10)**	(−8.67)***
HHI	−0.0137	−0.0130	−0.0010
	(−1.55)	(−1.49)	(−0.38)
FiscalRev	0.0025	0.0233	0.0047
	(0.12)	(0.98)	(2.76)***
Constant	0.0105	0.0111	0.0006
	(2.22)**	(2.32)**	(0.42)

---

[10] 我们对有主政关系的样本加入地区腐败程度哑变量,结果也存在并更显著。

(续表)

Variables	(1) Sub_a	(2) Sub_a	(3) Sub_a
Year/ Industry/ Province	√	√	√
N	1970	1970	17006
F-Value	8.16***	8.23***	55.12***

注:括号中的数字为经 White 异方差修正后的 t 统计量,*、**、*** 分别表示统计量在 10%、5% 和 1% 的水平下显著。为防止各省的腐败程度与各省虚拟变量之间的共线性,列(3)并未控制各省份的固定效应。

2. 官员主政关系与政府补助的经济效益和社会效益

借鉴唐清泉和罗党论(2007)、余明桂等(2010)的研究,我们从经济效益和效益两个角度考察了主政关系下上市公司获得的政府补助的经济后果。Roa、Roe 分别为上市公司 $t+1$ 期的总资产报酬率和净资产报酬率,Inv 为上市公司 $t+1$ 期的资本支出,Tax 为 $t+1$ 期税收总额与总资产的比例,Emp 为 $t+1$ 期企业雇员数的自然对数。[11] 结果如表 7 所示:第(1)列和第(2)列表明主政关系并不影响政府补助的财务绩效;第(3)列中政府补助与资本支出显著正相关,表明政府补助对企业的发展有明显的扶持作用,然而主政关系与政府补助的交互项显著为负,表明有主政关系的上市公司在使用政府补助时打了很大的折扣;第(4)列表明有主政关系的上市公司在税收贡献上明显低于无主政关系的上市公司;在就业岗位创造方面(第(5)列),主政关系的存在也削弱了政府补助应有的社会效益。

表 7 政府补助的经济后果

Variables	(1) Roa	(2) Roe	(3) Inv	(4) Tax	(5) Emp
Sub_a	0.4983	0.6269	0.5171	−0.0028	8.8866
	(5.27)***	(2.09)**	(7.10)***	(−0.12)	(8.71)***
ReginFavor_A	0.0020	0.0048	0.0017	0.0006	−0.0962
	(0.98)	(0.80)	(1.09)	(1.05)	(−4.49)***
Sub_a×ReginFavor_A	**0.1750**	**0.3096**	**−0.3211**	**−0.0728**	**−4.2034**
	(0.91)	**(0.61)**	**(−2.00)****	**(−1.65)***	**(−2.15)****
Size	0.0068	0.0108	0.0069	0.0012	0.6685
	(11.04)***	(5.86)***	(17.95)***	(7.14)***	(106.81)***
Lev	−0.0732	−0.0062	−0.0429	−0.0069	0.1830
	(−15.78)***	(−0.49)	(−23.55)***	(−8.33)***	(6.05)***

---

[11] 考虑到企业足够大才足以帮助地方政府分担就业压力,因此在该部分我们要求上市公司的雇员数量至少要达到 500 人。

（续表）

Variables	(1) Roa	(2) Roe	(3) Inv	(4) Tax	(5) Emp
Growth	0.0152	0.0283	0.0055	0.0027	−0.0032
	(13.14)***	(8.32)***	(6.87)***	(7.52)***	(−0.19)
SOE	−0.0061	−0.0171	−0.0078	0.0002	0.0696
	(−4.75)***	(−4.22)***	(−8.58)***	(0.44)	(5.01)***
HHI	−0.0214	0.0530	0.0435	0.0187	−0.7182
	(−0.77)	(0.61)	(1.84)*	(2.32)**	(−1.91)*
Constant	−0.1053	−0.2269	−0.0617	−0.0154	−6.4179
	(−8.13)***	(−5.59)***	(−7.00)***	(−4.36)***	(−46.56)***
Year/ Industry/ Province	√	√	√	√	√
N	17 108	17 107	16 589	16 648	14 227
Adj-R^2	0.137	0.0310	0.155	0.155	0.576
F-Value	23.79***	9.411***	49.21***	31.33***	324.50***

注：括号中的数字为经White异方差修正后的t统计量，*、**、***分别表示统计量在10%、5%和1%的水平下显著。

综合看来，主政关系在一定程度上削弱了政府补助对上市公司经济绩效和社会绩效的积极作用，可能发展为上市公司向省级高官寻租的一大途径，这与余明桂等(2010)发现政治关联会扭曲补助配置的实证发现一致。这一拓展性分析结果表明，对官员任职的"地域回避"制度设计还需要进一步完善。

3. 老乡关系与政府补助

除了考察省长/省委书记在主政关系下的政策偏爱之外，我们还检验了老乡关系对上市公司政府补助的影响。若上市公司的注册地与省长或省委书记的籍贯或出生地位于同一地级市，变量Home_A取值为1。实证结果表明，老乡关系对上市公司获取补助没有显著影响，进一步区分省长的老乡关系和省委书记的老乡关系，在模型中对主政关系进行控制也没能发现"老乡关系"影响政府补助配置的证据，主要的回归结果见表8。产生这一结果的原因可能是上文所述的"地域回避"制度限制了官员在家乡任职，以及我国各种党政任职规定都对这一显性的可能产生寻租行为的关系一直都监管严格，从而淡化了研究结果。但需要强调的是，并不是说老乡关系就没有发挥作用，可能是由于老乡关系发挥作用更多的是通过隐性渠道，现有实证研究的方法难以捕捉。

表 8 老乡关系、地域偏爱与政府补助

Variables	(1) Sub_a	(3) Sub_a	(5) Sub_a	(7) Sub_a
Home_A	−0.0003			
	(−0.88)			
Home_N		−0.0003		−0.0003
		(−1.02)		(−1.02)
Home_S			0.0001	0.0000
			(0.10)	(0.09)
Size	0.0002	0.0002	0.0002	0.0002
	(2.74)***	(2.74)***	(2.73)***	(2.74)***
Lev	−0.0025	−0.0025	−0.0024	−0.0025
	(−7.23)***	(−7.23)***	(−7.22)***	(−7.22)***
Growth	−0.0001	−0.0001	−0.0001	−0.0001
	(−0.97)	(−0.97)	(−0.97)	(−0.97)
Burden	0.0578	0.0579	0.0581	0.0579
	(6.91)***	(6.92)***	(6.94)***	(6.92)***
Shrhfd5	−0.0014	−0.0014	−0.0014	−0.0014
	(−2.68)***	(−2.68)***	(−2.69)***	(−2.68)***
SOE	−0.0004	−0.0004	−0.0004	−0.0004
	(−3.01)***	(−3.01)***	(−2.97)***	(−3.01)***
Loss	−0.0017	−0.0017	−0.0017	−0.0017
	(−8.35)***	(−8.35)***	(−8.34)***	(−8.35)***
HHI	−0.0010	−0.0010	−0.0011	−0.0010
	(−0.40)	(−0.40)	(−0.42)	(−0.40)
FiscalRev	0.0044	0.0045	0.0043	0.0045
	(1.41)	(1.43)	(1.37)	(1.43)
Constant	0.0030	0.0030	0.0030	0.0030
	(2.11)**	(2.10)**	(2.10)**	(2.10)**
Year/ Industry/ Province	√	√	√	√
N	17006	17006	17006	17006
F-Value	36.39***	36.40***	36.28***	35.88***

注:括号中的数字为经 White 异方差修正后的 t 统计量,*、**、*** 分别表示统计量在 10%、5% 和 1% 的水平下显著。

(四) 稳健性检验

为了使本文的研究结论更加可靠,我们做了如下稳健性测试:

首先,改变政府补助的度量方法,分别对政府补助进行行业调整,使用营业收入消除规模化的政府补助,以及基于总量角度考虑的政府补助的自然对数等不同的度量方法对假设 1、假设 2 和假设 3 涉及的主要回归结果进行了稳健性测试。结果见表 9。回归(1)、(2)、(3)是对假设 1 的稳健性检验,无论是经行业调整的政府补助,用营业收入平减规模效应的政府补助,还是政府补助的自然

表 9 政府补助的其他度量方法

Variables	(1) Adj_Sub_a	(2) Sub_r	(3) Sub_l	(4) Adj_Sub_a	(5) Sub_r	(6) Sub_l	(7) Adj_Sub_a	(8) Sub_r	(9) Sub_l
ReginFavor_A	0.0012	0.0016	0.0942						
	(4.12)***	(3.36)***	(2.02)**						
ReginFavor_A×Pol				0.0031	0.0034	1.3913			
				(5.18)***	(3.33)***	(3.17)***			
ReginFavor_A×SOE							0.0012	0.0018	0.1458
							(2.36)**	(2.01)**	(1.71)*
Pol				−0.0005	−0.0007	−0.2579	0.0005	0.0005	−0.0060
				(−2.35)**	(−2.23)**	(−1.65)*	(1.18)	(0.75)	(−0.09)
Size	0.0000	0.0003	0.8176	0.0000	0.0003	1.7602	0.0000	0.0003	0.8303
	(0.47)	(2.07)**	(55.48)***	(0.20)	(1.92)*	(25.87)***	(0.49)	(2.09)**	(54.46)***
Lev	−0.0021	−0.0091	−0.2140	−0.0020	−0.0091	−3.3847	−0.0020	−0.0090	−0.3295
	(−4.72)***	(−11.72)***	(−3.04)***	(−4.57)***	(−11.63)***	(−10.04)***	(−4.66)***	(−11.68)***	(−4.58)***
Growth	−0.0001	−0.0010	−0.0402	−0.0001	−0.0010	−0.2540	−0.0001	−0.0010	−0.0370
	(−0.39)	(−3.25)***	(−1.40)	(−0.48)	(−3.58)***	(−1.76)*	(−0.40)	(−3.26)***	(−1.25)
Burden	0.0844	−0.0089	11.5643	0.0812	−0.0136	38.5208	0.0839	−0.0096	11.5685
	(7.89)***	(−0.51)	(6.67)***	(7.50)***	(−0.78)	(4.81)***	(7.84)***	(−0.56)	(6.52)***
Shrhfd5	−0.0031	−0.0038	−0.6660	−0.0029	−0.0034	−1.5159	−0.0031	−0.0038	−0.7157
	(−4.16)***	(−3.15)***	(−5.36)***	(−3.91)***	(−2.79)***	(−2.62)***	(−4.12)***	(−3.12)***	(−5.56)***

(续表)

Variables	(1) Adj_Sub_a	(2) Sub_r	(3) Sub_l	(4) Adj_Sub_a	(5) Sub_r	(6) Sub_l	(7) Adj_Sub_a	(8) Sub_r	(9) Sub_l
SOE	−0.0005	−0.0020	−0.1669	−0.0006	−0.0021	−0.8756	−0.0007	−0.0023	−0.2157
	(−2.63)***	(−6.26)***	(−5.31)***	(−2.85)***	(−6.40)***	(−5.83)***	(−3.25)***	(−6.65)***	(−6.28)***
Loss	−0.0022	−0.0019	−0.4345	−0.0022	−0.0019	−1.4988	−0.0022	−0.0019	−0.4488
	(−7.79)***	(−4.09)***	(−9.51)***	(−7.65)***	(−4.14)***	(−6.71)***	(−7.78)***	(−4.08)***	(−9.60)***
HHI	0.0015	−0.0026	0.1531	0.0018	−0.0023	−1.5212	0.0017	−0.0024	0.3934
	(0.41)	(−0.46)	(0.25)	(0.48)	(−0.40)	(−0.59)	(0.45)	(−0.41)	(0.64)
FiscalRev	0.0139	0.0019	1.8551	0.0141	0.0026	−9.9272	0.0135	0.0014	1.5801
	(3.16)***	(0.29)	(3.05)***	(3.16)***	(0.40)	(−3.73)***	(3.06)***	(0.21)	(2.50)**
Constant	0.0028	0.0107	−1.9937	0.0038	0.0123	−20.9151	0.0028	0.0108	−2.2500
	(1.43)	(3.35)***	(−6.17)***	(1.90)*	(3.76)***	(−14.43)***	(1.44)	(3.36)***	(−6.75)***
Year/Industry/Province	√	√	√	√	√	√	√	√	√
N	17 006	17 006	17 006	16 618	16 618	16 618	17 006	17 006	17 006
F-Value	9.98***	30.59***	112.83***	9.65***	29.22***	66.59***	9.86***	30.23***	119.60***

注：括号中的数字为经White异方差修正后的t统计量，*、**、***分别表示统计量在10%、5%和1%的水平下显著。

对数,主政关系对政府补助的回归系数均显著为正,表明研究结果对不同的变量度量方式而言是稳健的。回归(4)、(5)、(6)是对假设 2 的稳健性检验的结果;回归(7)、(8)和(9)是对假设 3 的稳健性检验,除回归(9)的交互项的显著性有些降低之外,其余基本与上文列示的回归结果一致。

其次,为进一步明确分析的因果性,使用双重差分方法(Difference in Difference)研究因省长/省委书记离职、退休、调任导致的关系断裂对上市公司获取政府补助的影响,详见表 10。我们选取省长/省委书记与该省下辖的地级市存在主政关系的省份为研究样本,注册于具有过主政关系的地级市的上市公司变量 ReginFavor 取值为 1,其他公司取值为 0;具有主政关系的官员在任的时间变量 After 取值为 0,这些官员离职、卸任、外调后 After 取值为 1。为提高稳健性,我们对政府补助采用了多维度的度量方法。实证结果发现 ReginFavor 的回归系数显著为正,印证了前文的实证结果,除回归(4)之外 ReginFavor 和 After 的交互项均显著为负,表明主政关系的存在对上市公司获取政府补助有重要的影响。

表 10 主政关系"断裂"对政府补助的影响

Variables	(1) Sub_a	(2) Adj_Sub_a	(3) Sub_r	(4) Sub_l
ReginFavor	0.0020	0.0041	0.0027	2.4910
	(4.66)***	(4.42)***	(4.71)***	(4.77)***
After	−0.0003	−0.0005	−0.0002	0.3113
	(−0.71)	(−0.59)	(−0.34)	(0.56)
ReginFavor×After	−0.0010	−0.0023	−0.0016	−0.7074
	(−2.12)**	(−2.18)**	(−2.37)**	(−1.19)
Size	0.0001	−0.0001	0.0000	1.3672
	(0.66)	(−0.50)	(0.11)	(7.99)***
Lev	−0.0030	−0.0080	−0.0024	−3.9538
	(−5.30)***	(−6.19)***	(−3.24)***	(−5.45)***
Growth	−0.0000	−0.0003	0.0001	−0.3824
	(−0.04)	(−0.59)	(0.38)	(−1.19)
Burden	0.0398	−0.0081	0.0714	35.0381
	(2.92)***	(−0.27)	(3.94)***	(2.16)**
Shrhfd5	−0.0015	−0.0053	−0.0030	−2.4006
	(−1.42)	(−2.52)**	(−2.04)**	(−1.78)*
SOE	0.0004	0.0008	0.0005	0.1554
	(1.63)	(1.45)	(1.39)	(0.47)
loss	−0.0007	−0.0007	−0.0006	−2.6336
	(−1.29)	(−0.59)	(−0.88)	(−4.65)***

(续表)

Variables	(1) Sub_a	(2) Adj_Sub_a	(3) Sub_r	(4) Sub_l
HHI	−0.0015	−0.0038	0.0069	−2.3987
	(−0.25)	(−0.32)	(0.87)	(−0.30)
FiscalRev	−0.0136	−0.0317	−0.0066	−32.9438
	(−1.99)**	(−2.14)**	(−0.74)	(−3.78)***
Constant	0.0025	0.0133	0.0001	−15.9419
	(0.89)	(2.24)**	(0.03)	(−4.30)***
Year/ Industry/ Province	√	√	√	√
N	4,157	4,157	4,157	4,157
F-Value	11.86***	10.01***	4.460***	21.35***

注：括号中的数字为经White异方差修正后的 t 统计量，*、**、*** 分别表示统计量在10%、5%和1%的水平下显著。

此外，本文还把直辖市、深圳等特殊城市的上市公司从样本中剔除，假设1、假设2和假设3的实证结果基本不发生改变。相关实证结果留存备索，不再赘述。

六、结论与政策启示

情系故地是传统文化熏陶下中国地缘关系的一种重要表现形式，一旦这种关系与权力相结合便会改变基于权力而进行的资源配置行为。本文从上市公司与省级领导人的主政关系出发，研究了地方核心官员对政府补助在上市公司间分配的影响。实证结果发现，政府补助这一受政府干预明显的公司行为会受到省级领导人地域偏爱的影响，相比于没有主政关系的上市公司而言，位于现任省长/省委书记曾任核心职务的地级市的上市公司能够获得更多的政府补助，且这一发现主要体现在高管有地方政府背景和产权性质为国有的上市公司中，说明核心政府官员的主政关系发挥作用依赖于其权力渗透程度；进一步研究发现地域偏爱在省市核心官员工作背景关系密切和省长/省委书记主政时间更长的地级市作用更强，同时在腐败程度较为严重的省份也更为明显；由地域偏爱产生的政府补助并未提高经济效益，反而明显降低了社会效益；此外，还发现拥有省级领导人的老乡关系对公司获得政府补助没有影响。研究结果表明，核心官员的地域偏爱会对经济资源的配置产生重要影响，地域偏爱现象在我国的政治环境下的一大重要来源为政商之间特殊的地缘关系，而这种政商地缘很大程度上决定了上市公司与核心政府官员之间的政治权力距离。

本文的结论也具有较强的政策启示：从古至今，地域偏爱都和寻租、腐败相结合，所以一直受到政府关注。古代做官（至秦汉起）就有"回避制度"，不允许官员在原籍或有家族产业的地方任职，避免亲友邻里请托徇情。譬如北宋规定，"知县注选虽甚远，无过三十驿"。2014年1月颁布的《党政领导干部选拔任用工作条例》规定："领导干部不得在本人成长地担任县（市）党委和政府以及纪检机关、组织部门、人民法院、人民检察院、公安部门正职领导成员，一般不得在本人成长地担任市（地、盟）党委和政府以及纪检机关、组织部门、人民法院、人民检察院、公安部门正职领导成员。"然而遗憾的是，上述中央规定有两个缺陷，其一，未对"本人成长地"有更明确的限定，一般只是针对官员的户籍地或出生地，但本文证据表明更多的偏爱行为是在高级官员曾经的主政地域；其二，上述规定在厅局级及其以下级别的官员任职过程中执行严格，然而对于省级和部级政府官员则并未强制执行。我们呼吁在对核心高级官员进行任职制度设计时，要关注并限制其在就任更大官职后对其"发迹地"和有特殊关联的上市公司的偏爱现象，需修正和拓展异地任职的范围，即同时体现在曾经的主政地而非仅仅是户籍地/出生地。此外，由于本文所研究的官员主政关系的一个关键点是省级核心官员对本省范围内曾经的主政地的地域偏爱，而数据显示这一地域偏爱样本主要由省长带来。为了避免官员个体影响微观主体的资源优化配置，需要在继续对省委书记的异地任职进行规范之外，制定和加强有关省长异地任职的相关制度设计。

参 考 文 献

[1] 步丹璐、王晓燕，2014，政府补助、软约束与薪酬差距，《南开管理评论》，第2期，第23—33页。

[2] 步丹璐、郁智，2012，政府补助给了谁：分布特征实证分析——基于2007—2010年中国上市公司的相关数据，《财政研究》，第8期，第58—63页。

[3] 曹春方，2013，政治权力转移与公司投资：中国的逻辑，《管理世界》，第1期，第143—157页。

[4] 陈德球、陈运森、董志勇，2016，政策不确定性、税收征管强度与企业税收规避，《管理世界》，第5期，第151—163页。

[5] 陈冬华，2003，地方政府、公司治理与补贴收入——来自我国证券市场的经验证据，《财经研究》，第9期，第15—21页。

[6] 陈晓、李静，2001，地方政府财政行为在提升上市公司业绩中的作用探析，《会计研究》，第12期，第20—28页。

[7] 戴亦一、潘越、冯舒，2014，中国企业的慈善捐赠是一种"政治献金"吗？——来自市委书记更替的证据，《经济研究》，第2期，第74—86页。

[8] 范子英、李欣,2014,部长的政治关联效应与财政转移支付分配,《经济研究》,第6期,第129—141页。

[9] 费孝通,1948,《乡土中国》,北京:商务印书馆(2011年版)。

[10] 郭剑花、杜兴强,2011,政治联系、预算软约束与政府补助的配置效率——基于中国民营上市公司的经验研究,《金融研究》,第2期,第114—128页。

[11] 侯青川、靳庆鲁、陈明端,2015,经济发展、政府偏袒与公司发展——基于政府代理问题与公司代理问题的分析,《经济研究》,第1期,第140—152页。

[12] 黄光国,2010,《人情与面子:中国人的权力游戏》,北京:中国人民大学出版社。

[13] 姜国华、饶品贵,2011,宏观经济政策与微观企业行为,《会计研究》,第3期,第9—18页。

[14] 孔东民、刘莎莎、王亚男,2013,市场竞争、产权与政府补贴,《经济研究》,第2期,第55—67页。

[15] 李飞跃、张冬、刘明兴,2014,实际政治权力结构与地方经济增长:中国革命战争的长期影响,《经济研究》,第12期,第45—59页。

[16] 李书娟、徐现祥、戴天仕,2016,身份认同与夜间灯光亮度,《世界经济》,第8期,第169—192页。

[17] 李文贵、邵毅平,2016,产业政策与民营企业国有化,《金融研究》,第9期,第177—192页。

[18] 梁漱溟,1949,《中国文化要义》,上海:上海人民出版社(2005年版)。

[19] 刘明兴、张冬、章奇,2015,区域经济发展差距的历史起源:以江浙两省为例,《管理世界》,第3期,第34—50页。

[20] 刘瑞明,2012,国有企业、隐性补贴与市场分割:理论与经验证据,《管理世界》,第4期,第21—32页。

[21] 罗党论、应千伟,2012,政企关系、官员视察与企业绩效——来自中国制造业上市企业的经验证据,《南开管理评论》,第5期,第74—83页。

[22] 潘红波、夏新平、余明桂,2008,政府干预、政治关联与地方国有企业并购,《经济研究》,第4期,第41—53页。

[23] 潘越、戴亦一、李财喜,2009,政治关联与财务困境公司的政府补助——来自中国ST公司的经验证据,《南开管理评论》,第5期,第6—17页。

[24] 钱先航、曹廷求、李维安,2011,晋升压力、官员任期与城市商业银行的贷款行为,《经济研究》,第12期,第72—85页。

[25] 唐清泉、罗党论,2007,政府补贴动机及其效果的实证研究——来自中国上市公司的经验证据,《金融研究》,第6期,第149—163页。

[26] 王贤彬、徐现祥,2008,地方官员来源、去向、任期与经济增长,《管理世界》,第3期,第16—26页。

[27] 吴一平,2008,财政分权、腐败与治理,《经济学(季刊)》,第2期,第1045—1060页。

[28] 徐现祥、王贤彬,2010,晋升激励与经济增长:来自中国省级官员的证据,《世界经济》,第2期,第15—36页。

[29] 徐现祥、王贤彬、舒元,2007,地方官员与经济增长——来自中国省长、省委书记交流的证据,《经济研究》,第9期,第18—31页。

[30] 徐业坤、钱先航、李维安,2013,政治不确定性、政治关联与民营企业投资——来自市委书记更替的证据,《管理世界》,第5期,第116—130页。

[31] 余明桂、回雅甫、潘红波,2010,政治联系、寻租与地方政府财政补贴有效性,《经济研究》,第3期,第65—77页。

[32] 曾庆生、陈信元,2006,国家控股、超额雇员与劳动力成本,《经济研究》,第5期,第74—86页。

[33] 翟学伟,2005,人情、面子与权力的再生产——情理社会中的社会交换方式,《社会学研究》,第5期,第48—57页。

[34] 张军、高远,2008,官员任期、异地交流与经济增长——来自省级经验的证据,《经济研究》,第11期,第91—103页。

[35] 张平、赵国昌、罗知,2012,中央官员来源与地方经济增长,《经济学(季刊)》,第2期,第612—634页。

[36] 周黎安,2004,晋升博弈中政府官员的激励与合作——兼论我国地方保护主义和重复建设问题长期存在的原因,《经济研究》,第6期,第33—40页。

[37] 周黎安、李宏彬、陈烨,2005,相对绩效考核:中国地方官员晋升机制的一项经验研究,《经济学报》,第1期,第83—96页。

[38] 周黎安,2007,中国地方官员的晋升锦标赛模式研究,《经济研究》,第7期,第36—50页。

[39] 朱松、陈运森,2009,政府补贴决策、盈余管理动机与上市公司扭亏,《中国会计与财务研究》,第3期,第92—140页。

[40] Antia, M., I. Kim and C. Pantzalis, 2013, Political geography and corporate political strategy, *Journal of Corporate Finance*, 22, 361—374.

[41] Berry, C. R., B. C. Burden and W. G. Howell, 2010, The president and the distribution of federal spending, *American Political Science Review*, 104(4), 783—799.

[42] Besley, T. and A. Case, 1995, Incumbent behavior: Vote-seeking, tax-setting, and yardstick competition, *American Economic Review*, 85(1), 25—45.

[43] Burgess, R., R. Jedwab, E. Miguel and A. Morjaria, 2015, The value of democracy: Evidence from road building in Kenya, *American Economic Review*, 105(6), 1817—1851.

[44] Faccio, M. and D. C. Parsley, 2009, Sudden deaths: Taking stock of geographic ties, *Journal of Financial and Quantitative Analysis*, 44(3), 683—718.

[45] Faccio, M., 2006, Politically connected firms, *American Economic Review*, 96(1), 369—386.

[46] Faccio, M., R. W. Masulis and J. McConnell, 2006, Political connections and corporate bailouts, *Journal of Finance*, 61(6), 2597—2635.

[47] Fan, J. P. H., M. Rui and M. Zhao, 2008, Public governance and gorporate finance: Evidence from corruption cases, *Journal of Comparative Economics*, 36, 343—364.

[48] Julio, B. and Y. Yook, 2012, Political uncertainty and corporate investment cycles, *Journal of Finance*, 67(1), 45—83.

[49] Kim, C. F., C. Pantzalis and J. C. Park, 2012, Political geography and stock returns: The value and risk implications of proximity to political power, *Journal of Financial Economics*, 106(1), 196—228.

[50] Kramon, E. and D. N. Posner, 2012, Ethnic favoritism in primary education in Kenya, Unpublished Manuscript.

[51] Larcinese, V., L. Rizzo and C. Testa, 2006, Allocating the US federal budget to the states: The impact of the president, *Journal of Politics*, 68(2), 447—456.

[52] Li, H. and L. Zhou, 2005, Political turnover and economic performance: The incentive role of personnel control in China, *Journal of Public Economics*, 89(9), 1743—1762.

[53] Pantzalis, C. and J. C. Park, 2014, Too close for comfort? Geographic propinquity to political power and stock returns, *Journal of Banking and Finance*, 48, 57—78.

[54] Pastor, L. and P. Veronesi, 2013, Political uncertainty and risk premia, *Journal of Financial Economics*, 110(3), 520—545.

[55] Pastor, L. and P. Veronesi, 2012, Uncertainty about government policy and stock prices, *Journal of Finance*, 67(4), 1219—1264.

制度因素对会计质量和审计质量的影响

——基于中外合资企业的案例研究

原红旗 娄 芳 曹 利[*]

摘 要 制度因素如何影响企业的会计质量和审计质量是会计研究的基本问题。本文以一个中外合资公司为例,分析了股东的动机如何影响会计的信息质量和审计需求,不同会计师事务所的审计行为如何影响审计质量。这个案例的特殊性在于:中外合资双方的股东根据自己的目的编制了两套会计报表,聘请了中外两家会计师事务所对会计报表进行审计。以两套会计报表的差异为基础,我们分析了两个股东的动机如何影响会计行为;以两家会计师事务所的审计行为为基础,我们分析了两家会计师事务所在审计判断、审计程序等方面的差异,从而判断不同事务所的审计质量差异。我们的研究发现,股东的动机对会计信息质量有显著的影响。中方的中央企业控股股东有利润最大化的动机,因此在会计方法的选择上过于激进,忽略了会计的稳健原则。合资公司美方股东对财务报表的真实性、准确性及良好的内控有更高的要求,其会计方法的运用上偏重于使用稳健的会计方法,注重经营业务的实质。我们也发现,中方股东缺乏高质量的审计需求,其聘请的会计师事务所在审计判断、审计程序方面都存在诸多问题;而外方股东有高质量的审计需求,聘请"四大"之一的普华永道(PWC)作为会计师事务所,审计师在审计中较好地贯彻了审计准则的要求。通过比较分析,我们发现,PWC的审计质量明显高于该中央企业聘请的内资会计师事务所的审计质量。我们还发现,尽管外方股东持股比例很高,但是外方股东对合资公司会计信息质量的影响微乎其微,合资公司的会计信息质量只是反映了中方股东的动机。外方股东还需要发生额外的会计报表编制成本和审计成本才能获得高质量的会计信息。

关键词 制度 合资企业 会计质量 审计质量 案例研究

---

[*] 原红旗、曹利,复旦大学;娄芳,上海财经大学。通信作者:原红旗;地址:上海市国顺路670号;邮编:200433;电话:021-25011113;E-mail: yuanhq@fudan.edu.cn。本文得到国家自然科学基金(71272074)的资助。

How Institutions Affects Accounting and Auditing Quality? A Case Study of a Joint Venture Company

HONGQI YUAN　FANG LOU　LI CAO

Abstract　In this study we analyze the accounting and auditing quality of a joint venture company. In our case, two shareholders of joint venture company have prepared two sets of financial statements according to their different purposes, and employed two CPA firms to audit. Based on two sets of accounting adjustments, we analyzed how two shareholders motivation affect the accounting policies and accounting estimates. We also analyzed the different audit quality of two CPA firms. We find that shareholders' reporting incentive has significant influence on the quality of accounting information. Chinese controlling state-owned shareholder has the purpose to maximize the profit and thus lead to firm's aggressive accounting behavior. However, the US shareholder has higher demand on the authenticity, accuracy of the financial statements and good internal control. We also find that Chinese shareholder lacks high-quality audit demand and employed a domestic CPA firm as auditor. On the contrary, the US shareholder has high-quality audit demand and employed Price Waterhouse Coopers (PWC) as auditor. We find that the audit quality of PWC is higher than that of domestic CPA firm. Our study shows that the foreign shareholder has very little influence on the quality of accounting information of the joint venture company and foreign shareholder has to pay extra cost to obtain the high-quality accounting information.

Key words　Institutions; Joint Venture Company; Accounting Quality; Audit Quality; Case Study

一、引　言

会计不是在真空中，大量的研究表明，制度环境对企业会计行为有显著的影响。Ball et al. (2000,2001,2003)及 Bushman et al. (2004,2006)等从法律起源、法律执行、投资者保护、财产权安排等宏观因素着手，分析了宏观制度因素对会计透明性的影响。Piotroski et al. (2012)对中国上市公司的信息环境和制度因素进行了系统的分析。也有大量的实证研究文献对中国公司的制度环境和会计信息质量的关系进行了分析。这些文献对理解中国企业的会计行为和审计行为有重要的帮助。由于大样本实证研究的局限性,现有的研究还集中在探讨制度因素和会计、审计结果(如稳健性、应计项目、审计意见)的关系上,会计行为和审计行为的过程还是一个黑箱。而过程的分析能够更深入地观察制度对会计行为和审计行为的影响,案例分析是观察会计行为和审计行为的有力工具,本文通过对一个合资公司的会计行为和审计行为进行分析,试图在这方面做抛砖引玉的工作。

我们取得了一个非上市合资公司的会计和审计详细资料。这个案例的特殊性在于,中外合资双方的股东根据各自的目的编制了两套会计报表,聘请了中外两家会计师事务所对会计报表进行审计。从两套会计报表的差异出发,我们能够观察两个股东的动机如何影响会计政策和会计估计的选择行为,从而分析股东性质和企业会计行为的关系。从两家会计师事务所的审计过程出发,我们可以观察不同股东的动机如何影响审计师的选择,也可以观察两家会计师事务所在审计判断、审计程序等方面的差异,从而判断审计质量。

具体而言,这个特殊的案例有助于我们知道什么?

1. 本案例的研究有助于理解股东的动机对企业会计行为的影响

大量的文献发现股东性质对会计信息质量有显著的影响[1],但是这些研究大多数讨论国有和民营控股股东对会计信息质量的影响,很少有讨论同一公司内不同股东对会计信息的影响。我们的案例公司可以对同一个公司、同样的业务从不同股东的角度进行观察,来分析股东的动机对会计信息质量的影响。

另外,现有的研究大多以上市公司作为样本。在上市公司中,公司的会计和审计行为受到多方面因素的影响,比如机构投资者、财务分析师、媒体、证券监管部门,尽管现有的研究也采用一些方法对这些影响因素进行控制,但是这些因素对观察股东行为和会计信息的关系还是有一些干扰。我们的案例公司不受这些外部因素的影响,能够更纯净地观察股东的动机如何影响会计信息的质量。

为数不多的文献[2]以同时发行A股和B/H股的公司为样本,讨论了按照国际会计准则和中国会计准则编制财务报表的利润差异。但是由于提供会计信息的是同一个管理层,对会计信息影响最大的是同一个大股东,因此,这些文献

---

[1] 参阅孙亮和刘春(2008)、雷光勇和刘慧龙(2006)、王克敏等(2009)、王化成和佟岩(2006)、于鹏(2007)、刘国立和杜莹(2003)的研究。
[2] 请参阅李东平(2000),傅宏宇、桂晓和孙瑶(2005),刘峰和王兵(2006)。

把利润的差异归因于会计准则的差异,无法区分不同的股东动机如何影响会计的选择及对会计信息质量的影响。

2. 为评估审计师的审计质量提供了新的视角

首先,提供了审计质量的直接证据。目前有关审计研究的实证文献中,审计质量的衡量主要采用审计意见、审计收费、应计项目、会计舞弊、会计重述等指标,这些研究共同的局限性是从审计的结果来推断审计质量,无法观察到更直接的审计行为及其对审计质量的影响。我们的案例研究可以克服实证研究的缺陷,更直接地观察不同审计师的审计判断、审计程序,更直接地理解审计行为对审计质量的影响。

其次,提供了"四大"和"非四大"审计质量的直接证据。中国审计市场"四大"和"非四大"之间的审计质量是否存在差异?目前的结论还存在很大分歧[3],同时这些文献主要从审计结果的角度去考察审计质量。[4] 我们的案例分析可以对具体的审计行为进行比较,从而判断审计师是否遵循了审计准则,实施了必要的审计程序,对会计事项如何进行审计判断,审计师是否保持了独立性。

在我们的案例公司中,合资公司的审计师和中方股东的审计师是同一家会计师事务所,中方会计师事务所根据中国会计准则和审计准则进行审计。而外方股东则聘请毕马威会计师事务所(KPMG)重新编制报表,并聘请普华永道(PWC)进行审计。一家公司同时接受两家大型会计师事务所审计,可以对有关审计质量的争论提供新的证据。

(1) 以往的研究在比较"四大"和"非四大"的审计质量时,两类会计师事务所审计的公司特征是不同的,尽管这些研究都控制了被审计公司的各种特征,但是选择性偏差还是存在的,因为两类事务所的客户特征不能完全控制住。因此,这些研究在讨论会计师事务所和审计质量的关系时,存在内生性问题。[5] 而我们的案例公司中,同一家公司,两家不同的审计师,即公司的业务是完全相同的,这样就避免了其他研究中广泛存在的内生性问题。

---

[3] 现有的文献对"四大"和"非四大"质量的高低存在分歧。一些文献,如 Gul et al. (2003)、Lin et al. (2009)、Shafer(2008)、漆江娜等(2004)、王咏梅等(2006)、王艳艳等(2006)发现"四大"的审计质量显著高于非"四大"。而另外一些文献,刘峰等(2002、2007)、于鹏(2007)、郭照蕊(2011)、孙谦等(2011)、王兵(2011)等的研究表明"四大"的审计质量并不高于其他事务所。我们的案例分析可以为这一方面的研究提供新的证据。

[4] 这些研究从操纵性应计(宋衍蕾和张海燕,2008)、银行贷款获取(胡奕明和唐松莲,2007)、盈余反应系数(周海平和吕长江,2007)、IPO折价(王兵等,2009)等方面讨论了审计质量。

[5] 尽管有些文献采用两阶段工具变量的方法来降低审计师选择的内生性,但是由于难以找到合适的工具变量,目前还很难克服审计师选择的内生性问题。

（2）在一些跨境的上市公司中，如同时在上海和香港发行的 A+H 公司，在 2011 年以前，A 股和 H 股分别聘请会计师事务所，有些研究利用这些公司作为样本评判审计质量。这些研究的缺陷在于：第一，大部分的公司都是聘请同一家会计师事务所在内地和香港的不同机构，二者的审计标准非常接近，无法观察审计的差异。第二，A 股和 H 股的审计师都是由上市公司聘请，即委托人是同一个。我们无法观察不同股东的审计需求如何影响其审计师选择。第三，即使个别公司 A 股和 H 股分别聘用不同的会计师，迄今为止，中外会计师事务所的审计意见都很一致。在我们的案例公司中，我们根据会计分录的调整，可以很清楚地看到两家会计师事务所在审计判断、审计程序、风险控制方面的显著差异。

3. 本案例的分析有助于理解外资企业对改善会计信息环境的作用

大量的文献发现外国投资者较国内投资者有更高的信息需求。[6] 但是，外资股东是否会改变中国企业的信息环境、提高会计信息的质量？这一方面的文献本身存在很大的分歧，Umutlu et al.（2010）发现资本市场的对外开放和股价的波动没有显著的关系。Gul，Kim and Qiu（2010）发现，外资股东的持股和高质量的审计需求会改变中国上市公司的信息环境，增加公司层面的信息透明度，降低中国公司股票价格的同步性。Li et al.（2011）也发现外资大股东的参与会降低股票市场的波动性。Chen et al.（2006）以同时发行 A 和 B/H 股的公司为样本，发现外资持股可以减少公司的财务丑闻。Firth et al.（2007）以同时发行 A 和 B/H 股的公司为样本，发现外资持股可以提高会计报表的信息含量。但是这些文献没有外资股东改善会计信息质量的直接证据，因而外资股东影响信息环境的路径还不清楚。通过本案例分析，我们可以观察外资股东能否以及如何影响会计质量。我们的研究发现：

（1）股东的动机对会计信息质量有显著的影响。由于盈利是考核中央企业管理者业绩非常重要的指标，中方中央企业控股股东有利润最大化的动机，因此在会计方法的选择上过于激进。合资公司的美方股东是准备在纳斯达克上市的新能源企业，公司是否短期内盈利不是整个集团上市的重要影响因素，而财务报表的真实性、准确性及良好的内部控制对公司上市影响很大。因此，其在会计方法的运用上偏重于使用稳健的会计方法，注重经营业务的实质。

---

[6] 参阅 Kang and Stulz，1997；Ahearne，Griever and Warnock，2004；Covrig，Lau and Ng，2006；Edison and Warnock，2008。

（2）中方股东缺乏高质量的审计需求，聘请内资会计师事务所进行审计；而外方股东有高质量的审计需求，聘请"四大"之一的PWC作为会计师事务所。根据重新编制报表的会计调整记录和审计档案，可以看出PWC的审计质量明显高于内资会计师事务所的审计质量。

（3）尽管外方持股比例很高，但是外方股东对合资公司会计信息质量的影响微乎其微。合资公司的会计信息质量只反映了中方股东的意志。外方股东还需要发生额外的会计报表编制成本和审计成本才能获得高质量的会计信息。

本文的其余部分安排如下，第二部分为案例公司基本情况的介绍和数据的获取方法，第三部分对中国会计准则差异引起的报表分析和审计问题进行了分析，第四部分对非会计准则导致的报表差异和双方会计师事务所的审计行为进行分析，第五部分为案例的进一步讨论，第六部分是对案例进行总结，提出后续的研究方向。

二、合资公司的背景资料及案例材料的取得

（一）合资公司的基本情况

合资公司是由国内一家大型中央企业与准备在纳斯达克上市的一家美国公司合资成立，公司的主营业务是生产并销售轿车用锂电池，属于新能源产业。合资公司成立于2009年9月，前期投资为1亿美元，总投资为1.997亿美元。合资公司现有员工约1500人。合资公司美方股东拥有电池技术的排他性全球独占所有权。尽管合资公司拥有国内及世界上一流的电池技术，但是电池的相关性能仍不够稳定，须不断发展及完善。

（二）合资公司股东的基本情况和股东的信息披露动机

合资公司的中方股东为国内从事能源产业的大型中央企业，合资公司是在中国境内的企业，中方股东投资占公司总股本的60%，合资公司的财务报表以人民币为本位币，编制符合中国会计准则的财务报表。与此同时，美方股东投资占合资公司股本的40%，美方股东目前准备在纳斯达克股票市场申请上市，美方股东将该合资公司纳入合并报表范围，因此，美方股东亦要按照美国会计准则要求编制美国财务报表。

双方编制报表的依据不同，我们在案例分析中首先讨论中美会计准则的差异及其对双方编制报表的影响。然后进一步分析在准则无差异的条件下，中外

股东的不同需求如何影响会计信息质量。

（三）合资公司管理层及财务部门的基本情况

合资公司的董事会由 5 名董事组成，按中外双方股权比例确定，中方有 3 名董事，外方有 2 名董事。管理层方面，总经理及关键岗位管理人员均为原中方股东员工，目前美方股东无人在合资公司担任任何职务，仅参加合资公司董事会，对重大事项进行表决。

合资公司中方股东的总会计师兼任合资公司的总会计师，该总会计师在合资公司有下属财务人员 8 人，设财务经理 1 位。财务经理为原中方股东员工，合资公司成立后被派往合资公司担任财务经理，向中方股东财务部门负责。2 名财务人员是从美资企业招聘来的，分别担任固定资产合同管理及总账职位。其余财务部成员从当地招聘而来。

（四）审计师的基本信息

合资公司聘请国内"十大"之一的某大型会计师事务所做年度审计工作，该会计师事务所同时为中方股东做年度审计，与中方股东合作多年。

美方股东聘请了国际"四大"会计师事务所之一的 KPMG 编制符合美国会计准则的财务报表。KPMG 以合资公司中国报表为基础，按照美国会计准则编制相关的调整分录，重新编制报表。KPMG 编制报表的费用由合资公司美方股东支付，KPMG 对美方股东负责。美方又聘请了另一国际"四大"会计师事务所 PWC 对 KPMG 所编制的财务报表及公司的内部控制情况进行审计并发表审计意见，美方股东向 PWC 支付相关的审计费用。

（五）案例资料的取得

我们对合资公司的中外方董事、财务经理、PWC 和中资会计师事务所的签字会计师进行了访谈，阅读了合资公司过去 3 年的财务报表和外方调整以后的报表，取得了公司在 2009—2011 年的会计调整分录。[7] 通过这个访谈，我们对中外方编制报表的分歧和审计师的判断、执业程序有了深入的了解。为了防止客户资料的外泄，在本文中不报告合资公司和中资会计师事务所以及双方股东的名字，分别以"合资公司""中方审计师""中方股东"和"外方股东"来代称。

---

[7] 由于公司经营数据的敏感性，我们只能取得较早年度的相关数据，而对近期的相关数据则没有办法取得。

三、中美会计准则差异对会计调整的影响

目前,尽管中国与美国的会计准则还存在不少的差异,但在这家合资公司的案例中,在具体的会计实务上,由会计准则导致的差异调整体现在以下几个方面:

(一)会计信息披露上的差异

根据中国的会计准则,企业的货币资金总额都要求列示在资产负债表"货币资金"项下,在报表附注中,对"受限制的货币资金"单独披露。而根据美国会计准则的要求,须单独列示受限制现金项目并单独披露,这一要求的原因主要在于方便报表阅读者尤其是投资者及企业管理人员及时了解公司可用资金状况,从而能准确调整投资、融资的方向及规模。

合资公司 2009—2011 年受限制的现金分别为 1 070 万元、1 260 万元和 2 000 万元人民币,这些受限制的现金分别用于购买机械、设备的抵押存款或信用证抵押。该部分资金不能随时使用,单独作为受限制现金列示并在报表附注中披露。KPMG 对该公司 2009 年度、2010 年度和 2011 年度的受限制资金分别做了调整分录,即调减可使用现金,同时调增了受限制现金金额。

中方审计师认为该项目的处理未违反中国会计准则的规定,不属于审计调整项目,故未对该项目进行调整。美方审计师 PWC 同意 KPMG 的调整。

(二)会计处理的差异

按照中国企业会计准则的规定,企业的研究与开发支出分别按"费用化支出"与"资本化支出"核算。年末将费用化支出金额转入"管理费用"科目。合资公司对符合条件的开发费用采用了资本化的处理。而在美国会计准则下研究与开发费应作为一级科目在利润表中单独列示。KPMG 在编制美国报表时对研究与开发费用进行了调整,累计至 2011 年年底,共调整了 3 000 万元。

中方审计师认为合资公司的处理符合中国会计准则,因此不需要调整。PWC 依据美国会计准则,同意 KPMG 的调整。

四、编制报表动机和审计行为对会计调整的影响

除了会计准则差异对报表调整的影响外,其他的调整并不涉及会计准则的差异,而主要由中外股东的动机决定各自的会计选择,中外审计师也表现出不同的审计行为。从我们访谈的情况看,两套会计报表的编制行为、两个会计师事务所的审计行为差异很大,我们将主要的问题归纳为十个方面。对每个问题,我们首先陈述会计编制行为的差异,然后说明两家会计师事务所的审计差异。

(一) 关于关联交易披露的调整

合资公司应披露的关联公司有三家,分别为中方股东、中方股东控制下的兄弟公司及美方股东,三个关联公司分别提供不同种类的原材料及相关的技术服务,但是在合资公司的中国报表中,没有单独列示关联交易,且在报表附注中未做任何披露。这一做法不利于报表阅读者了解关联方交易情况,更有可能影响收入、费用的确认,进而影响公司利润的计算。根据中国会计准则,关联交易应在会计报告中予以披露。美方的董事代表要求在合资公司的报表中单独披露,但没有为董事会接受。

KPMG 在编制财务报表时,对涉及关联交易部分的应收账款做了相应的重分类调整,影响金额为 5 900 万元。KPMG 认为调整后的数据使企业资产与负债情况更具有真实性。

中方审计师认为合资公司为非上市公司,关联交易的信息不需要单独披露。PWC 认为关联交易需要单独分类,赞同 KPMG 的会计调整。

(二) 销售确认的问题

合资公司在 2011 年与美方股东签订了金额 1.5 亿元的电芯购销合同。合同中明确规定,所有的产品须为合格品,交货地点为国内某保税物流园区。并且合同规定,即便产品已发货到美方指定的保税物流园区,若美方发现所采购产品不符合规定,美方股东将不确认应付账款。合资公司管理层很清楚所销售产品状态,在实际发货到保税物流园区的产品中,49.5%的产品为不良产品或待返修产品。合资公司在合同规定的时间内,将合同中规定的产品数量包括 49.5%的不良产品或待返修产品发到了保税物流园区,合资公司的财务部门可

以随时看到ERP系统中的库存状态、发货清单及所发产品的实际状态。

合资公司2011年年末确认了1.5亿元的产品销售收入和应收账款,并未对49.5%的不良产品或待返修产品部分做相应的抵减,也未做任何披露。

KPMG在编制会计报表时,以客户确认的金额为最终的收入确认金额,冲减了不合格品部分的销售收入7 400万元;该调整更真实地反映了合资公司年末应确认的收入金额。

中方审计师对该客户该笔销售对应的应收账款向客户发了"询证函",但是对方客户未确认金额。中方事务所未对期末的存货进行盘点,也未对"询证函"中为什么客户不确认应收账款金额采取进一步的调查措施和程序,直接采纳了合资公司报告的应收账款数字,未对1.5亿元收入做任何调整。

PWC参与了期末存货盘点,并以客户确认的"询证函"为依据,同意KPMG关于销售收入的会计调整。

(三) 固定资产计价和折旧费用计提的问题

合资公司在固定资产核算和折旧费用计提方面也存在重要的问题:首先,将已达到验收标准的固定资产计入在建工程,将已经投入使用或者无须安装就可使用的固定资产如电脑等设备计入在建工程,从而推迟折旧的计提时间。其次,对已转入固定资产的设备不计提折旧。最后,对于中方股东投入的使用过的固定资产按照全新固定资产使用年限计提折旧。中方股东分别于2009年12月及2010年12月两次向合资公司投入已使用过的相关生产、办公设备等固定资产,共计2 580万元。合资公司按照中方股东账面原值计入固定资产原值。

KPMG的调整及调整理由:第一,针对中方股东投资的固定资产,KPMG通过数据测试、设备清单及访谈后,调低1 070万元的固定资产价值,同时调增340万元的折旧金额,调减实收资本相应金额,并对受此影响的递延所得税、制造费用、管理费用、营业费用、生产成本、主营业务成本、利润分配等项目做了相应的调整。同时,KPMG亦对合资公司因调整该部分固定资产使用年限而对折旧产生的影响做了相应的调整。第二,KPMG通过与设备管理部门访谈,了解到设备真正投入使用的日期,对固定资产折旧进行了调整,调整折旧金额1 000万元。

中方会计师事务所完全依据公司提供的报表数据确认公司的固定资产及其折旧,未对固定资产的入账价值提出任何质疑,也未执行必要的审计程序(如对固定资产进行盘点),未对固定资产做任何调整。

PWC 参与了合资公司期末固定资产盘点,通过与设备部门的沟通,对固定资产进行了减值测试,同意 KPMG 对固定资产的价值及折旧费用的调整。

(四)租赁费用确认的问题

公司从房产商那里租赁房屋作为职工宿舍,对于租赁员工宿舍的预付租金,由于目前出租方未开发票而计入了其他应收款中。按照会计准则,应当确认为租金费用,截至 2011 年年末影响金额为 500 万元。KPMG 通过与合资公司行政部门沟通,得到相关信息,确认了当期的租金费用,调减了 500 万元的"其他应收款"。

中方审计师对公司租赁费用的处理未有任何异议。PWC 在对租赁业务访谈后,同意 KPMG 的会计处理。

(五)试车费用的处理问题

企业试运转期间联动试车发生的费用应计入项目成本,开始投料至产出产品过程中发生的投料试车费用应计入当期经营费用。合资公司在 2010 年至 2011 年 12 月间将大量不属于任何生产线设备的原材料、人员工资及相关的社保、差旅费、厂房租金、间接费用等全部计入"在建工程——待摊支出——联合试车费",该明细账下设材料、工资、差旅费、租金及其他等各种辅助明细账,待该部分产品实现销售时,直接以"其他入库单"及"其他出库单"形式从在建工程转入库存商品,未确认销售收入及成本,影响的销售收入金额为 1.33 亿元,成本影响金额为 1.05 亿元,同时影响增值税及所得税等相关项目。

KPMG 通过与相关设备管理部门和生产部门的访谈,调增了 1.33 亿元的销售收入,确认了 1.05 亿元的销售成本,同时对在建工程、固定资产、累计折旧、管理费用、销售费用、本年利润等科目进行了相关调整。

在建工程中试机费的处理实际上是中方会计师事务所提出的建议,因此中方事务所未对此项处理做任何调整。实际上,中方会计师事务所和公司合谋,丧失了独立审计的原则。PWC 对设备管理部门和生产部门进行了访谈,对试车费用的影响进行了测试,同意 KPMG 的会计处理。该项调整是合资公司调整利润最隐蔽的方式之一,也是 KPMG 在编制美国报表时所做的巨大调整之一,且该调整亦是中美股东之间的异议点。

（六）汇兑损益的确认问题

对外币结算业务，通常情况下公司应以月初或业务发生日的汇率进行折算，月末结转汇兑损益。而合资公司在计算发生额时，有时用月初汇率，有时用发生日汇率，使汇兑损益的计算不准确。

KPMG对外币业务以业务发生日的汇率折算、按月末汇率调整，重新计算了汇兑损益，确认汇兑损失500万元。

中方审计师对合资公司混乱的汇兑损益并未提出任何质疑。PWC在审核合资公司汇兑损益的处理记录后，同意KPMG的调整。

（七）制造费用分配上的问题

根据会计准则，制造费用应当在不同生产阶段的产品之间进行分配。但是，合资公司对制造费用发生总额按照金额分摊到产成品成本中去，制造费用未在期末的产成品和在产品之间进行分配，这种做法高估了当期产成品的生产成本。

KPMG在编制报表时，对直接人员工资、包含辅助原材料的制造费用，按照从生产部门取得的手工生产订单、机械工时（无法取得人工工时）进行了相应的分摊，建立相应的数据计算模型，相对准确地计算出在产品部分的成本及对主营业务成本的影响并做相应调整，调整金额为1 800万元，调整后的单位产品成本更接近实际成本，使毛利率更真实。

中方审计师认可合资公司的会计处理，对制造费用分配违反会计准则的行为没有提出任何质疑。PWC同意KPMG对制造费用分配的调整。

（八）应收账款坏账损失的问题

由于合资公司所生产的产品属于新能源产品，一方面，产品性能及各方面状况须不断地测试、试用、改进；另一方面，单位产品价值较高，单位产品平均售价在20万元以上，在与客户签订购销合同时，通常合同规定的回款期限在一年以上，导致合资公司在会计期末应收账款金额非常高，存在应收账款不能及时收回的风险，但到2011年年末，合资公司没有计提坏账准备。

2009年至2010年，KPMG考虑到合资公司属于公司创立初期，且属于新能源、新技术阶段，大部分收入是关联交易，应收账款回款情况比较乐观，未对坏账准备进行计提。合资公司2011年实现销售收入1.91亿元，但是年末应收账款余额达到1.67亿元。针对合资公司的产品销售状况、回款状况以及客户状况,KPMG按照应收账款余额的5%计提了相应的坏账准备。

中方审计师未对应收账款的回款质量做任何评估,未对公司未提取坏账准备的行为有任何异议。PWC在抽取了大量的单据及进行必要的访谈之后,同意KPMG所做的调整。

(九)存货计量和存货跌价损失的问题

在合资公司资产负债表上未确认"在途存货",亦没有估计未来将由此产生的负债。同时,合资公司也未提取任何存货跌价准备,其管理人员认为,公司的原材料在行业内最好,即使生产中剩余原材料,仍可以市场价格销售给国内其他企业,因此未对原材料计提跌价准备。对于订单以外的大量半成品、不良产品以及待返修产品,管理人员认为即使主要客户不需要,也可作为国家电网储备项目销售给当地政府,因此也无须计提任何存货准备。

KPMG在考虑到电池技术的不稳定性、目前国家电网的建设进度、新产品的更新换代速度、产品订单数量、产品测试报废比例、不良品及待返修产品的比例等因素后,对部分产品提取了存货跌价准备。对于应做采购暂估的部分,KPMG于2011年年末根据物流部门提供的采购入库单、收到发票但未收到原材料部分做了相应的数据调整,调整金额为500万元。

中方会计师事务所未参与公司的存货盘点,直接确认了客户提供的存货数字。对合资公司不确认"在途存货"的会计处理未提出任何质疑,也未对存货的价值减损做任何评估。

PWC在对KPMG编制的美国报表进行审计时,参与了合资公司期末存货盘点,在抽取了大量的单据及必要的访谈之后,认为KPMG所计提的存货减值准备不足以涵盖产品更新换代的跌价风险,因此PWC认为应对全部存货计提减值准备。KPMG根据PWC的意见,对存货跌价准备的范围进行了扩展,扩大到所有产成品和半成品,于2009年至2011年分别计提了1 800万元、6 960万元及2 000万元存货跌价准备。PWC审核了有关单据后,同意KPMG的调整。同时,PWC审核了有关单据后,同意KPMG对"在途存货"的调整。

(十)企业所得税的问题

合资公司至2011年累计亏损3 900万元,未按中国会计准则对所得税项目做任何处理,亦未对递延所得税资产及递延所得税负债做任何测算。其财务报表不能正确地反映企业当前的所得税费用及递延所得税资产/负债。

KPMG 在核算所得税项目时,首先按照中国税法,对项目按可抵减、不可抵减、可部分抵减等进行分类并列示,计算出纳税调整项目的金额,计提了 5 700 万元的递延所得税资产及 2 800 万元的所得税费用。

中方审计师未对所得税的处理提出任何异议,也未做任何调整。PWC 对所得税的影响进行了测试后,同意 KPMG 的调整。

五、案例的进一步讨论

（一）国有股东如何影响会计的信息质量？

现有的文献如 Piotroski and Wong(2012)认为会计信息在国有企业合约中的作用远远小于美国市场。一方面,大量的国有企业经理层由政府直接任命[8],政府可以通过私有信息渠道和政治联系对经理层进行考察,从而降低了对高质量会计信息的需要;另一方面,国有企业的投融资决策严重依赖于政治关系,无论是股权融资还是债务融资,政治关系都在其中扮演重要的角色,从而降低了会计信息的作用,导致企业没有动机提高会计信息的质量。依照这个思路,Piotroski,Wong and Zhang（2009）解释了中国的企业为什么不愿意及时确认坏消息。他们同时进一步论证,经理层可能为了掩盖对国有企业利益的侵害,掩盖经营的无效率,从而推迟坏消息的确认,导致会计信息质量降低。

事实上,政府对国有企业的考核非常依赖会计信息。从 2003 年开始,国资委对国有企业的考核中,会计信息有非常重要的作用。主要体现在如下两个方面：

第一,中央企业本身的存在与否依赖于会计信息。从 2004 年开始,中央企业实施"做大做强"策略,规模小、业绩差的中央企业将被其他企业合并。在中央企业存续与否的决策中,企业的盈利能力、成长性和规模具有非常重要的作用,这些会计数字在决策中的使用是非常刚性的,大量业绩差、规模小的中央企业被其他中央企业兼并,中央企业的数量从 2003 年的 196 家降到 2009 年的 129 家。

第二,中央企业高管的薪酬和任免依赖于会计信息。根据国资委对《中央

---

[8] 根据 Fan,Wong and Zhang（2007）的研究,在上市的国有企业中,27% 的企业的总经理或者董事长存在政府工作的背景。

企业负责人经营业绩考核暂行办法》的规定，中央企业负责人的经营业绩考核是年度考核与任期考核相结合。[9]

国资委决策依据的是会计信息，问题是无法对会计信息的质量进行有效识别。各级国有资产管理机构要监督、考核庞大的国有资产管理效果，集中的决策和缺乏有效的管理工具形成重要的矛盾。有限的国有资产管理人员缺乏处理复杂会计信息的能力。以中央企业为例，虽然目前数量只有129家，但是这些企业涉足的行业繁杂，拥有的资产规模巨大，每个集团的子公司、孙公司、合资公司、联营公司组织结构异常复杂。不考虑国有股东本身监督企业的代理问题，单纯从技术层面考虑，国有股东就无法处理如此庞大、复杂的信息。在私有化的国家中，没有一个投资者像国有股东一样，需要对业务如此复杂、庞大的企业体系进行监督考核，投资者专注于特定投资公司的会计信息，更加能够从质量的角度去进行分析。这符合 Hayek(1945)的理论，社会的分散决策体制，在信息处理功能上具有天然的优势。

信息处理上的矛盾，也可以解释为什么中国的监管会直接依赖于会计数字：是因为无法对企业的质量进行判断，只能依据表面的会计数字。比如，在股权融资（IPO 和 SEO）审批决策中，监管部门依赖机械的会计数字，也是集中决策和复杂会计信息天然矛盾的体现。融资的公司很多，经营业务也千差万别，即使不考虑监管者本身的动机，假定监管者完全勤勉、专业，依靠证监会有限的监管者，也远远无法处理如此庞大、复杂的信息。所以，决策的集中性和会计信息质量的识别本身存在内在的矛盾。企业知道监管者本身的缺陷，所以通过低质量的会计信息去获取利益是很自然的事情。这可以解释为什么中国的企业盈余管理的动机如此强烈，行为如此普遍。

以合资公司为例，该公司的中方股东是国内的一家大型中央企业。由于主营业务收入、利润总额和净利润等业绩能力是考核中央企业管理者非常重要的指标，中方股东的管理层对合资公司影响很大，中方股东要求合资公司盈利，或至少合资公司的亏损合并到母公司后合并报表能有盈利，这种来自中央企业股东的干预和要求，对合资企业的会计选择产生了重要的影响。每家中央企业都

---

[9] 在2004—2009年期间，利润指标（包括利润总额和净资产收益率）高达70%，从2010年开始，除了利润指标外，还增加了经济增加值指标（EVA）。任期考核的基本指标包括国有资本保值增值率和主营业务收入平均增长率。国资委依据年度经营业绩考核结果和任期经营业绩考核结果对企业负责人实施奖惩，并把经营业绩考核结果作为企业负责人任免的重要依据。对企业负责人的奖励分为年度绩效薪金奖励和任期激励或者中长期激励。企业负责人年度薪酬分为基薪和绩效薪金两个部分，绩效薪金与年度考核结果挂钩。如果企业的利润总额低于上一年，无论企业负责人的考核结果处于哪个级别，其绩效薪金倍数都应当低于上一年。

控制着业务庞杂、多元的子公司、合资公司,当监管者依赖会计信息考核管理层时,管理层通过会计操控提升业绩是很自然的选择。

有些文献认为(如 Piotroski and Wong,2012),国有股东可以通过其他的私有信息渠道(如组织部系统的信息)来对经理层进行考核,从而降低对高质量会计信息的需求。事实上,从上面的分析来看,集中决策模式下无法克服信息的质量问题,使得决策层不得不借助于其他的手段来对经理层进行考核,大部分的考核依据是经理人的忠诚度、道德水平、政治素养、企业中党的基层组织监督等非业绩的因素。

(二)中外会计师事务所审计质量为什么会有差异?

根据 DeFond,Wong and Li(2000)和 Wang,Wong and Xia(2008)的研究,中国资本市场缺乏高质量的审计需求,表现为审计市场的高度分散,高质量的会计师事务所市场份额远远低于成熟市场,大量的国有企业聘请当地的小型会计师事务所。

在我们的案例中,我们看到中央企业聘请了国内"十大"之一的内资会计师事务所。该所同时也是合资公司中方股东的审计师,与合资公司中方股东合作多年。大量研究文献中将国内的"十大"事务所也作为高质量的审计提供者,但是在我们的案例中,该事务所的行为依然存在严重的问题。

第一,事务所与公司的合谋行为损减了会计师的独立性。合资公司在建工程中试机费用资本化的会计处理,就是源于中方股东内部会议上的一次讨论,当时邀请了该事务所的审计师参与,事务所给出资本化建议,从而使合资公司达到减少亏损额的目的。从程序上看,审计师参加中方股东的内部会议是否违反审计程序?即使和股东沟通,是否也需要和外方股东进行沟通?

第二,该事务所的审计程序严重违反了审计准则。该事务所接受合资公司委托以来,从未参加过资产盘点,事务所确认固定资产及库存的金额以合资公司账面数字为准。在销售收入确认时,该事务所未收到合资公司客户确认的询证函,就将合资公司接近50%退货可能产生的销售收入全部确认为当年销售收入。对资产进行盘点是基本的审计程序,但作为"十大"之一的中资事务所未实施任何的盘点程序,毫无疑问,这是严重违反审计准则的行为。按照现有的法规,大量非上市公司的财务报告需要经过审计,但是整个审计的过程如何监督?如何保证审计质量?进一步地,上市公司的审计过程如何监督?在委托机构和监管机构都采用集中决策的模式下,审计档案的阅读和监督都面临无法克服的障碍。

第三，事务所完全屈从于中方股东的需要。尽管该事务所选择了部分往来相关公司做询证函，但是对于询证函有差异的部分未要求合资公司做任何调整。另外，该事务所对合资公司的盈余管理行为和其他违规会计处理[10]，没有提出任何意见，没有表现出应有的专业能力。相反，在整个过程中，该事务所完全是一个听话的"乖孩子"。

作为"四大"之一的PWC提供了优良的审计质量。在对合资公司的审计中，保持了应有的审计独立性，严格遵守审计程序，参与了合资公司各期的期末资产盘点，根据审计原则对合资公司的开户银行、客户、供应商、相关的管理企业分别邮寄了企业询证函，并严格跟踪了询证函的回函情况，对有差异的部分及时通知KPMG做相应的调整。PWC对合资公司中国报表中的其他问题，如在建工程中试机费用资本化、存货跌价准备、销售收入确认及相关成本结转、生产成本计算、关联公司交易、无形资产的入账价值、外汇折算汇率的一致性及统一性、所得税的计算等，均与KPMG采取一致的会计判断与谨慎原则。

为什么内资会计师事务所的审计质量这么低？主要原因在于，合资公司中方股东作为一家大型中央企业，是该会计师事务所的大客户，该事务所对该中央企业有很大的依赖性。根据Chen,Sun and Wu(2010)的研究，客户的独立性对审计师的质量会产生重要的影响。从这些理论出发，该会计师事务所降低审计质量的行为并不令人感到意外。进一步的问题在于，作为最终控制人的国资委，是否有能力去处理复杂的审计信息？[11] 如果审计师知道违反审计程序的行为被发现和处罚的概率很低，则其明显违反审计程序的行为大行其道，得不到约束、监管和惩罚也就毫不奇怪。可以推断，由于没有替代的监管措施，非上市公司的审计质量可能更令人担忧。

在案例中，PWC在中国的监管环境和中资事务所是一样的，为什么会提供高质量的审计质量？外方股东能够专注地处理会计信息和审计信息是根本的差别，同时，"四大"在外方股东中的声誉机制起到了重要的作用。

---

[10] 比如，合资公司未对制造费用在产成品和半成品之间进行分配，对固定资产入账价值、实收资本等的会计处理明显违反会计准则，但中方审计师都未提出任何的质疑和反对意见。

[11] 想象一下，国资委有限的企业绩效评估人员面对129家中央企业提供的财务报告和审计信息会是多么的束手无策。

(三) 非控股的外资股东对会计信息质量的提高有何影响？

有些文献认为外资股东的介入会改变国内企业的信息环境，提高会计信息的质量(Umutlu et al.，2010；Gul，Kim and Qiu，2010；Li et al.，2011)，但是并不清楚外资股东影响信息环境的路径。

在本案例公司中，外资股东持股40%，在5席董事中占有2席，即在公司决策层面上应当具有很大的影响力。合资公司的美方股东更关注财务报表的真实性、准确性及完善的内部控制。但是从合资公司提供的会计信息来看，外资股东高质量的会计需求没有得到任何反映，会计信息完全是按照中方控股股东的需求提供的。外方股东要使用会计信息，还需要通过聘请KPMG重新编制报表，并聘请PWC进行审计，从而大大增加了外资股东的信息成本。

在中国股票市场中，大多数外资股东是中小财务投资者，根据WIND统计，在2007—2010年，外资股东持有451家上市公司的股票，持股比重的均值为6.12%(中位数为1.74%)，大部分公司中，外资股东没有进入管理层或者在董事会中拥有席位，这些外资股东对会计信息会产生什么影响？在本案例中，即使外方股东持股高达40%，在董事会中也有相应的董事席位，会计信息的提供依然只反映中方大股东的意志，外资股东的信息需求根本得不到任何反映，外资股东的高质量信息需求无法内化到企业的会计行为中。所以期望通过引入外资改善信息环境可能还需要更多的配套措施，股权结构的改善无助于公司透明性的提高。

当然，在本案例中，外资股东为什么愿意承担如此高的信息费用？为什么在信息不透明的条件下外方股东依然愿意投资？可能的原因是，即使承担了这些费用，其在中国高成长的市场上仍然能够获得理想的投资回报率。

六、研 究 结 论

在这项研究中，我们对一家合资公司的会计行为和审计行为进行了案例分析。这个案例中，中外合资双方的股东根据自己的目的编制了两套会计报表，聘请了中外两家会计师事务所对会计报表进行审计。以两套报表的会计调整为基础，我们分析了两个股东的动机如何影响会计政策和会计估计的选择行为；从两家会计师事务所的审计行为出发，我们分析了两家会计师事务所在审计判断、审计程序等方面的差异，从而判断审计质量。

我们的研究发现,股东的动机对会计信息质量有显著的影响。中方中央企业控股股东有利润最大化的动机,因此在会计方法的选择上过于激进。合资公司美方股东对财务报表的真实性、准确性及良好的内控有更高的要求,其在会计方法的运用上偏重于使用稳健的会计方法,注重经营业务的实质。我们也发现,中方股东缺乏高质量的审计需求,聘请内资会计师事务所进行审计;而外方股东有高质量的审计需求,聘请"四大"之一的PWC进行审计。根据重新编制报表的会计分录和审计底稿,可以看出PWC的审计质量明显高于内资会计师事务所的审计质量。我们还发现,尽管外方有很高的持股比例,但是外方股东对合资公司会计信息质量的影响微乎其微。合资公司的会计信息质量只是反映了中方股东的意志。外方股东还需要发生额外的会计报表编制成本和审计成本才能获得高质量的会计信息。

尽管我们的研究有助于理解制度因素对企业会计行为和审计行为的影响,但由于案例本身的局限性,对案例的分析还存在一些缺陷,这些缺陷有待于未来进一步的研究。我们在比较PWC和中资大所的审计质量时,发现二者的审计质量具有明显的差异。这种差异我们归因于两类事务所本身的差异。通常认为"四大"具有较高的声誉、独立性和业务能力。另一个差异是,在我们的案例中,PWC接受的是外资股东的委托,如果PWC接受中方股东的委托,是否会有另外的情形?审计委托对审计质量会产生何种影响?尽管目前的一些研究认为审计委托对审计质量有显著的影响[12],但这需要另外的案例和实证研究进一步进行研究。

参 考 文 献

[1] 傅宏宇、桂晗、孙瑶,2005,A股和H股净利润双重披露的实证分析(上)——实证研究的背景和结果,《北京联合大学学报(人文社会科学版)》,第1期,第65—73页。

[2] 傅宏宇、桂晗、孙瑶,2005,A股和H股净利润双重披露的实证分析(下)——实证结果分析,《北京联合大学学报(人文社会科学版)》,第4期,第51—54页。

[3] 郭照蕊,2011,国际四大与高审计质量——来自中国证券市场的证据,《审计研究》,第1期,第98—107页。

[4] 胡奕明、唐松莲,2007,审计、信息透明度与银行贷款利率,《审计研究》,第6期,第74—84页。

[5] 雷光勇、刘慧龙,2006,大股东控制、融资规模与盈余操纵程度,《管理世界》,第1期,第129—136页。

---

12 参见 Abdel-Khalik(2002)、Lev(2002)。

[6] 李东平,2000,B股公司境内外报告净利润之差异研究,《中国会计与财务研究》,第3期,第126—169页。

[7] 刘峰、王兵,2006,什么决定了利润差异?会计准则还是职业判断——来自中国A、B股市场的初步证据,《会计研究》,第3期,第25—34页。

[8] 刘峰、许菲,2002,风险导向型审计、法律风险、审计质量:兼论"五大"在我国审计市场的行为,《会计研究》,第2期,第22—29页。

[9] 刘峰、周福源,2007,国际四大意味着高审计质量吗——基于会计稳健性角度的检验,《会计研究》,第3期,第79—87页。

[10] 刘国立、杜莹,2003,公司治理与会计信息质量关系的实证研究,《会计研究》,第2期,第28—36页。

[11] 漆江娜、陈慧霖、张阳,2004,事务所规模、品牌、价格与审计质量——国际"四大"中国审计市场收费与质量研究,《审计研究》,第3期,第59—65页。

[12] 宋衍蘅、张海燕,2008,继任审计师关注前任审计师的声誉吗?——前任会计师事务所的审计质量与可操控性应计利润,《审计研究》,第1期,第61—66页。

[13] 孙亮、刘春,2008,什么决定了盈余管理程度的差异:公司治理还是经营绩效?《中国会计评论》,第1期,第79—91页。

[14] 孙谦、墙伟,2011,我国上市公司审计质量报告,《会计研究》,第8期,第76—82页。

[15] 王兵、苏文兵、何梦庄,2011,"四大"审计质量在中国存在差异吗?《审计研究》,第6期,第89—97页。

[16] 王兵、辛清泉、杨德明,2009,审计师声誉影响股票定价吗——来自IPO定价市场化的证据,《会计研究》,第11期,第73—81页。

[17] 王化成、佟岩,2006,控股股东与盈余质量,《会计研究》,第2期,第66—74页。

[18] 王克敏、廉鹏、向阳,2009,上市公司"出身"与盈余质量研究,《中国会计评论》,第1期,第3—28页。

[19] 王艳艳、陈汉文,2006,审计质量与会计信息透明度——来自中国上市公司的经验证据,《会计研究》,第4期,第9—15页。

[20] 王咏梅、王鹏,2006,"四大"与"非四大"审计质量市场认同度的差异性研究,《审计研究》,第5期,第49—56页。

[21] 于鹏,2007,公司特征、国际"四大"与审计意见,《审计研究》,第2期,第53—60页。

[22] 于鹏,2007,股权结构与财务重述:来自上市公司的证据,《经济研究》,第9期,第134—144页。

[23] 周海平、吕长江,2007,会计师事务所规模会改变投资者对审计质量的判断吗?《中国会计与财务研究》,第3期,第47—84页。

[24] Abdel-khalik, A. R., 2002, Reforming corporate governance post Enron: Shareholders' board of trustees and the auditor, *Journal of Accounting and Public Policy*, 21, 97—103.

[25] Ahearne, A. G., W. L., Griever and F. E. Warnock, 2004, Information costs and home bias: An analysis of US holdings of foreign equities, *Journal of International Economics*, 62(2), 313—336.

[26] Ball, R., A. Robin and J. Wu, 2001, Accounting standards, the institutional environment and issuer incentives: Effect of timely loss recognition in China, *Asia-Pacific Journal of Accounting and Economics*, 7, 71—96.

[27] Ball, R., A. Robin and J. Wu, 2003, Incentives versus standards: Properties of accounting income in four East Asia countries, *Journal of Accounting and Economics*, 36 (1—3), 235—270.

[28] Ball, R., S. P. Kothari and A. Robin, 2000, The effect of international institutional factors on properties of accounting earnings, *Journal of Accounting & Economics*, 29 (1), 1—51.

[29] Bushman, R. and J. Piotroski, 2006, Financial reporting incentives for conservative accounting: The influence of legal and political institutions, *Journal of Accounting and Economics*, 42 (1/2), 107—148.

[30] Bushman, R., J. Piotroski and A. Smith, 2004, What determines corporate transparency? *Journal of Accounting Research*, 42 (2), 207—252.

[31] Chen, G., M. Firth, D. N. Gao and O. M. Rui, 2006, Ownership structure, corporate governance and fraud: Evidence from China, *Journal of Corporate Finance*, 12, 424—448.

[32] Chen, S., S. Sun and D. Wu, 2010, Client importance, institutional improvements, and audit quality in China: An office and individual auditor level analysis, *The Accounting Review*, 85 (1), 127—158.

[33] Covrig, V. S., T. Lau and Lilian Ng, 2006, Do domestic and foreign fund managers have similar preferences for stock characteristics? A cross-country analysis, *Journal of International Business Studies*, 37, 407—429.

[34] DeFond, M., T. J. Wong and S. Li, 2000, The impact of improved auditor independence on audit market concentration in China, *Journal of Accounting and Economics*, 28, 269—305.

[35] Edison, H. J. and F. E. Warnock, 2008, Cross-border listings, capital controls, and equity flows to emerging markets, *Journal of International Money & Finance*, 27(6), 1013—1027.

[36] Fan J. P. H, T. J. Wong and T. Zhang, 2007, Politically connected CEOs, corporate governance, and post-IPO performance of China's newly partially privatized firms, *Journal of Financial Economics*, 84, 330—357.

[37] Firth, M., P. M. Y. Fung and O. M. Rui, 2007, Ownership, two-tier board structure and informativeness of earnings: Evidence from China, *Journal of Accounting and Public Policy*, 26, 463—496.

[38] Gul, F., J. Kim and A. Qiu, 2010, Ownership concentration, foreign shareholdings, audit quality, and stock price synchronicity: Evidence from China, *Journal of Financial Economics*, 25 (3), 425—442.

[39] Gul, F., S. Y. J. Sun and J. S. L. Tsui, 2003, Audit quality, earnings, and the Shanghai stock market reaction, *Journal of International Accounting, Auditing and Taxation*, 18 (3), 411—427.

[40] Hayek, F. A., 1945, The use of knowledge in society, *American Economic Review*, 4, 519—530.

[41] Kang, J. K. and M. Stulz, 1997, Why is there a home bias? An analysis of foreign portfolio equity ownership in Japan, *Journal of Financial Economics*, 46(1), 3—28.

[42] Lev, B., 2002, The reform of corporate reporting and auditing, Testimony before the House of Representatives Committee on Energy and Commerence.

[43] Li, D., Q. N. Nguyen, P. K. Phan and S. X. Wei, 2011, Large foreign ownership and firm-level stock return volatility, *Journal of Financial and Quantitative Analysis*, 46, 1127—1155

[44] Lin, Z. J., M. Liu and Z. Wang, 2009, Market implications of the audit quality and auditor switches: Evidence from China, *Journal of International Financial Management and Accounting*, 20 (1), 35—78.

[45] Piotroski, J. D. and T. J. Wong, 2012, Institutions and information environment of Chinese listed firms, In Joseph Fan and Randall Morck, eds. *Capitalizing China*, c. 5. National Bureau of Economic Research and University of Chicago Press, forthcoming.

[46] Piotroski, J., T. J. Wong and T. Zhang, 2009, Political incentives to suppress negative financial information: Evidence from state-controlled Chinese firms, Working Paper, Stanford University and The Chinese University of Hong Kong.

[47] Shafer, W. E., 2008, Ethical climate in Chinese CPA firms, *Accounting, Organizations & Society*, 7/8, 825—835.

[48] Umutlu, M., L. Akdeniz and A. Altay-Salih, 2010, The degree of financial liberalization and aggregated stock-return volatility in emerging markets, *Journal of Banking and Finance*, 34, 509—521.

[49] Wang, Q., T. J. Wong and L. Xia, 2008, State ownership, institutional environment, and auditor choice: Evidence from China, *Journal of Accounting and Economics*, 46 (1), 112—134.

代理成本、所有权性质与会计信息可比性

袁振超 韦小泉 操 群[*]

摘 要 本文考察了两类代理成本如何影响会计信息可比性,并且进一步考察了企业所有权性质对两类代理成本与会计信息可比性关系的调节效应,依此探讨信息不对称和所有权性质对会计信息可比性的作用。研究发现,两类代理成本越高,会计信息可比性越低;相比而言,国有企业更多地体现为第一类代理成本对会计信息可比性的损害;非国有企业更多地体现为第二类代理成本对会计信息可比性的损害。本文的研究丰富了会计信息可比性的相关文献,是基于De Franco et al. (2011)的拓展性研究。同时,本文的结论对于提高信息使用者对会计信息可比性的理解具有积极意义,同时对监管者以及政策制定者关于如何提高会计信息可比性有借鉴意义。

关键词 会计信息可比性 代理成本 所有权性质

Agency Cost, Ownership Nature and Financial Statement Comparability

ZHENCHAO YUAN XIAOQUAN WEI QUN CAO

Abstract Using management fee as proxy of the first agency cost and other receivables as proxy of the second agency cost, the paper examines the relationship between the two types of agency cost and financial statement comparability, and meanwhile taking account of moderating effect of ownership nature. The empirical results indicate that financial statement comparability is negatively related to the two types of agency costs. In addition, the first type

---

[*] 袁振超,深圳大学经济学院;韦小泉,湘潭大学商学院;操群,中国运载火箭技术研究院研发中心。通信作者:操群;地址:中国运载火箭技术研究院研发中心北京9200信箱1分箱;邮编:100076;电话:13401020464;E-mail:caoqun881013@126.com。本文得到国家自然科学基金项目"会计信息可比性的溢出效应研究:行业内信息转移的视角"(71502115)和深圳大学人文社会科学青年教师扶持项目"会计信息可比性的影响因素及经济后果分析"(15QNFC07)的资助。当然,文责自负。

of agency costs dominates the second type of agency costs regarding the negative effect on the financial statement comparability for SOE firms. And vice versa, that is, the second type of agency costs dominates the first type of agency costs regarding the negative effect on the financial statement comparability for Non-SOE firms. Our research enriches the literature of financial statement comparability and is instructive and meaningful to information users and policymakers about how to understand financial statement comparability.

Key words　Financial Statement Comparability; Agency Cost; Ownership Nature

一、引　　言

自欧洲2005年开始强制实施国际会计准则（IFRS）以来，会计协调（harmonization）和会计信息可比性（comparability）逐渐成为学术界和业界热烈关注的话题。而随着全球经济一体化及国际贸易的繁荣，对会计信息可比性的重视越发突显。研究表明，会计信息可比性越高，管理层越可以通过与来自国外同行业其他公司的业绩进行比较，改善投资水平（Chen et al., 2013）；会计信息可比性越高，越吸引机构投资者持股（DeFond et al., 2011; Florou and Pope, 2012）；反倾销法的国际化、标准化从一定程度上带动了会计语言的国际化和标准化，我国2006年新颁布的《企业会计准则》基本实现了与国际会计准则的实质性趋同。会计信息可比有助于企业在应诉反倾销时提供更有利的会计证据，通过会计抗辩来争取对自己有利的裁决。

鉴于会计信息可比性的重要性，探讨其影响因素不仅必要而且迫切。我们认为，会计政策的选择是影响会计信息可比性的直接因素。由于会计信息在契约中扮演重要的角色，同时具有一定的经济后果，因此，管理层（大股东）往往通过操纵会计政策使得会计信息更有利于其自身利益最大化。本文从代理成本的角度探讨其对会计信息可比性的影响。进一步地，不同所有权性质的公司，代理冲突的表现存在显著差异，故而所有权性质不同，代理成本与会计信息可比性的关系也可能存在差异。

本文基于De Franco et al.（2011）度量的会计信息可比性，以我国A股2003—2006年和2009—2014年的上市公司为样本，考察了代理成本、所有权性质与会计信息可比性的关系。结果发现，两类代理成本越高，会计信息可比性越低；相比非国有企业，国有企业第一类代理成本降低会计信息可比性的程度更高；相比国有企业，非国有企业第二类代理成本降低会计信息可比性的程度更高。

本文的贡献体现在:第一,本文探讨了会计信息可比性的影响因素,是对 De Franco et al. (2011)就会计信息可比性研究的拓展,丰富了会计信息可比性的相关文献。第二,本文重点探讨了代理成本对会计信息可比性的影响,同时考察了所有权性质的调节作用,有助于理解我国上市公司会计信息可比性具有不同所有权性质的披露行为。第三,本文的研究结论对监管者以及政策制定者关于如何提高会计信息可比性具有借鉴意义,也有助于提高信息使用者对会计信息可比性的理解。

本文以下部分的内容安排如下:第二部分是文献回顾与假设的提出;第三部分是研究设计,包括样本选择、数据来源以及检验模型与变量选择;第四部分是实证结果与分析,包括描述性分析、相关性分析、回归分析;第五部分是稳健性测试;第六部分是研究结论。

二、文献回顾与假设的提出

(一)文献回顾

Simmons(1967)最早对会计信息可比性的具体内涵进行了最为系统的分析,指出会计信息可比性是指在给定的财务会计报告框架下(或者会计制度/会计准则)对经济交易或者事项的相似之处做出同等反映(equivalent reflection of economic circumstances)。同等反映要求对经济交易或者事项的相似之处做出同等的会计计量和财务呈报。

自 Simmons(1967)界定了会计信息可比性的内涵之后,学者们试图寻找测度方法,最初对会计选择可比性的研究主要停留在描述性的层面上,比如不同会计政策的使用情况的描述性分析,运用方差分析法研究会计政策的选择频率等。之后 Van der Tas(1988)进行了原创性的研究,提出了基于单一经济交易或者事项上会计选择的相似度度量的会计信息可比性,方法有 H 指数、C 指数和 I 指数。然而,基于单一经济交易或者事项上的会计信息可比性不能帮助信息使用者判断公司整体上的会计信息可比性。Taplin(2003,2004,2006,2010, 2011)弥补了这一缺憾,发展了 Van der Tas(1988)提出的指数,并提出了反映公司层面上的会计信息可比性的 T 指数。此外,Gover(1971)提出的生物计量学中相似度的测定指数也被用来度量会计信息可比性(胡志勇,2008),反映多项经济交易或者事项的会计信息可比性。但是,基于会计政策选择的相似性度量会计信息可比性存在诸多无法解决的问题,尤其是公司层面上的会计信息可比性的度量。比如,第一,不同经济交易或事项如何附权?T指数是默认等权赋值计算的,假设前提是每一项经济交易或者事项的重要性是一样的。显然这是为了简单起见的做法,实际上公司各项经济交易或者事项存在各种各样的差异,也会因为涉及金额的大小而有主次之分。第二,同一经济交易或者事项的不同会计处理方法之间的差异是一样的吗?由一种会计处理方法变成另一种会计处理方法到底导致会计信息可比性变化了多少?T指数无法反映这些特征。第三,针对某一项经济交易或者事项的会计处理方法的选择不一致,就一定导致财务信息表现出差异吗?也不尽然,以存货计价法为例,当价格和存货数量不变时,移动平均法和先进先出法两种不同会计处理方法得到的财务信息是完全一致的。此外,即使两公司在单项经济交易或者事项的会计处理上存在显著差异,整体上所有经济交易或者事项的不同会计处理对财务信息的影响也可能部分地消长相抵,最终会计信息可比性可能没有受到很大的影响。简而言之,根据会计政策选择的相似度测量会计信息可比性是建立在一系列不合理的假设之上的,最终可能导致不能准确地度量会计信息可比性。这也可能是会计信息可比性相关文献没有大量涌现的重要原因。

De Franco et al.(2011)构建了会计信息系统可比性的度量,并依此度量出结果导向(将信息使用者的判断引入其中)的会计信息可比性。该度量可以规避上述基于会计政策选择相似性度量的可比性所面临的困境,因此得到了学界的广泛认可。

近年来,对会计信息可比性的研究主要集中在会计准则变迁或者会计准则协调的大背景下。Beuselinck et al.(2007)以14个欧洲国家的上市公司为样本,从Ball and Shivakumar(2006)提出的应计——现金流关系的角度研究会计盈余的可比性。结果发现,欧洲各国2005年强制实施IFRS当年没有发现盈余可比性的显著提高。然而,Caban-Garcia and He(2013)研究了在2005年前后(2001—2008)两个重要事件如何影响北欧国家(丹麦、芬兰、挪威和瑞典)的盈余信息的可比性。结果发现在2005—2008年间,各个国家的盈余信息可比性显著提高。相似地,Yip and Young(2012)认为实施IFRS导致的会计趋同和高信息质量是不同国家间的会计信息更可比的驱动因素。研究发现,17个欧洲国家在强制实施IFRS之后,会计信息可比性显著提高。进一步研究发现,制度环境会影响实施IFRS与会计信息可比性之间的关系。更进一步地,Cascino and Gassen(2014)研究发现,强制实施IFRS对会计信息可比性提高的程度较低,而那些具有更大激励遵从IFRS制度的公司,会计信息可比性表现出显著的提高。

区别于其他文献,Cole et al.(2011)认为虽然欧洲国家强制实施 IFRS,仅仅实现了法律上的可比性,但是否实现事实上的可比性仍需要进一步研究。他们从会计政策选择的异质性考察真实的可比性,结果发现,在强制实施 IFRS 之后,34 个待检验的选择权中有 14 个在各个国家没有显著差异,而大多数的选择权在各个国家都存在显著不同,这就影响了事实上的会计信息可比性。

会计信息可比性意味着可比公司间的信息具有更高的可比性,而会计信息质量意味着能够提供客观、真实以及更多特质性的会计信息,所以会计信息可比性的提高不等同于会计信息质量的提高。Bae et al.(2008)发现英国本土的会计准则和 IFRS 很相似,那么对于英国上市公司来说,强制实施 IFRS 给资本市场带来的好处更可能来自会计信息可比性的提高,而不是会计信息质量的提高。Brochet et al.(2013)以英国上市公司为样本,检验是否因为强制实施 IFRS 提高了会计信息可比性,进而改善资本市场。研究发现,拥有私人信息的内部人的股票购买在实施 IFRS 之后显著下降,这表明强制实施 IFRS 之后,会计信息可比性的提高降低了内部人获取私人信息的能力。此外,Horton et al.(2013)检验了强制实施 IFRS 对信息环境的影响。研究发现强制实施 IFRS 之后,分析师一致性预测误差显著降低;而自愿实施 IFRS 的情况下,分析师一致性预测误差降低的幅度较小,而且结论不稳健。进一步研究发现,本地会计准则与 IFRS 相差较大时,强制实施 IFRS 降低分析师一致性预测误差的程度越显著,这表明正是 IFRS 的实施而不是其他被忽略的相关因素降低了分析师预测误差。分析师层面的数据表明,分析师更好的预测得益于会计信息可比性的提高或者会计信息质量的提高。总之,强制实施 IFRS 提高了包括会计信息质量和会计信息可比性两个方面的信息环境。

综上所述,现有文献主要是从准则变迁的角度研究对会计信息可比性的影响,但鲜有文献系统研究公司层面上会计信息可比性的影响因素。为丰富会计信息可比性的相关文献,本文正是从公司层面上探讨会计信息可比性的影响因素,并着重从代理成本的角度研究其对会计信息可比性的影响。

(二)假设的提出

会计信息可比性之所以能成为研究话题,是因为存在会计选择。在完全且完美的市场中,根本不需要会计,更不用说会计选择了。然而,现实世界不完全也不完美,对会计与会计规范的需求意味着会计信息披露以及基于会计数据的契约是缓解市场不完备的有效方式(Watts and Zimmerman,1986)。现代公司存在股东与管理层、大股东与中小股东之间的委托代理问题(Jensen and Meckling,1976;La Porta et al.,1999)。为缓解代理冲突,委托人与代理人之间制定了众多契约(比如,债务契约、分红计划等),会计信息在这些契约中扮演着主要的角色。然而,由于存在代理成本和不完全市场导致的市场不完备性,拥有信息优势的代理人往往会通过会计方法的选择和变动影响契约双方的利益分配。依赖于契约的结构安排,管理层在大多数情况下都可以在事后采取一些会计选择来提高薪酬或者避免违背某些债务契约。也就是说,会计选择是服务于管理层的某种或者某些动机的。Christie and Zimmerman(1994)根据管理层会计选择的动机,提出政治成本假设、分红计划假设和债务契约假设。此外,在市场不完备的情况下,代理人(管理层或者大股东)面临契约中未预料的状态时,往往会通过会计选择谋求自身利益最大化,这符合一般的人性假说(Jensen and Meckling,1994)。总而言之,从会计选择的契约观看,代理成本越高,管理层(大股东)越可能操纵会计处理方法,进而降低会计信息可比性。

另外,从会计选择的信号观看,由于管理层受到源自内部交易法导致的交易限制、卖空限制、风险规避以及交易的契约限制等,因此管理层与外部人之间存在信息不对称,进而使得股票价格难以反映管理层所拥有的信息。而会计选择就是向信息劣势方(外部人)传递有关未来现金流的时间、风险和不确定性的有效方式。然而,自利的管理层也可以通过会计选择的信号作用提高股价、薪酬和声誉等。当代理成本越高时,管理层(大股东)的会计选择越多地表现为机会主义行为,越可能利用会计选择的信号作用服务于其自身利益最大化。也就是说,从会计选择的信号观看,代理成本高时,管理层(大股东)的会计选择可能不是为了消除信息不对称,而是源于自利动机。

尽管并非所有的会计选择都涉及盈余管理,但盈余管理这一术语的含义却超越会计选择,为达到某种目的而进行的会计选择,其含义和盈余管理是一致的。管理层为了保证盈余管理顺利实施,通常选择操纵会计数据或者通过真实交易来影响会计数据[1],以实现信息使用者不能或者不愿去解读和分析盈余管理的影响。比如,管理层为了薪酬目的的盈余管理行为意味着薪酬委员会至少在一定程度上不能或者不愿去解读盈余管理对公司利润的影响,而这也可能是出于成本上的考虑。为此,学者们曾提出对会计信息披露的格式规定一个统一的标准会便于信息的比较使用,并有助于建立高效的披露语言,以评估会计判

---

[1] 通过真实交易影响会计数据的成本可能更高(Rowchowdhury,2006)。

断和会计选择的成本及收益。尽管这是一个良好的愿望，但是没有人知道最优的标准化究竟是什么。另外，即使是规则导向的会计系统，也不能消除会计判断和会计选择。这是因为随着经济活动的发展（比如，新兴的金融工具、证券化等），新的会计处理总是不断地出台。换句话说，消除会计选择是不可能也不现实的。总而言之，管理层（大股东）进行盈余管理时，会做出更多的会计判断和会计选择，进而导致会计信息可比性的下降。总之，根据上述推理，提出如下假设：

假设1 代理成本越高时，管理层（大股东）会做出更多自利动机的会计选择，进而降低会计信息可比性。

考虑到我国特有的转轨经济体制，两类代理成本在不同所有权性质的企业中表现不同。对于国有企业而言，其控股股东直接或间接地为政府，也就是说国有控股股东缺乏人格化。国有企业追求的不是经济利益的最大化，而是社会福利的最大化。而且，资本市场监管机构对国有企业的监管也是建立在一定的政治目标而不是经济目标基础上的。[2]已有研究还发现，国有银行基于政治、社会稳定或者税收动机的考虑同样给予国有企业特殊对待（Brandt and Li,2003；林毅夫和李志赟,2004）；国有企业所在地的政府领导也会给予各种支持以提高其政治资本和晋升机会（Li and Zhou,2005）。正是由于国有企业特有的政治背景和金融支持，即使其面临财务困境，投资者也相信政府会给予救济；而且，政府有动机实施救济以免国有企业破产或者裁员导致社会不稳定。总之，对于国有企业而言，控股股东缺乏动机侵占中小股东的利益，进而不会操纵会计信息。

国有企业的代理问题主要体现在第一类代理问题上，这是因为国有企业的管理层往往是政府任命的官员，其政治身份使得其通常在政府和国有企业以及国有企业之间转换，这导致其任期具有不确定性；此外，国有企业管理层的薪酬激励相对不足，导致其更可能通过在职消费等实现个人利益最大化。而政治晋升作为国有企业管理层的隐性激励手段（Cao et al.,2014；陈冬华,2011），也存在潜在的负效应。郑志刚等（2012）研究发现，国有企业管理层为了实现政治晋升，有很强的激励建设形象工程（包括但不限于公益性捐赠、为提升企业或者高管个人形象的媒体宣传报道等）。周黎安（2004）研究发现，地方政府官员间的政治晋升锦标赛是地方保护主义和重复建设的重要原因。许年行和罗炜（2011）研究发现在高管获得政治晋升前后，企业表现出不同的非效率投资行

---

[2] 以上市条件为例，监管机构要求国有企业报告拟申请上市年份之前3年的盈利指标以判断是否达到上市标准，国有企业只需将母公司优质资产和业务剥离出来以达到标准即可。但是对于拟上市的非国有企业来说，必须经营3年以上，且根据报告的真实盈余判断是否达到上市标准。

为;成功政治晋升前企业表现为过度投资;成功晋升之后企业出现了投资不足的问题。基于上述讨论,我们认为,国有企业的管理层而不是大股东更有动机侵占上市公司。管理层为了转嫁或者隐匿其机会主义行为,通过会计选择操纵会计数据,进而降低了会计信息可比性。也就是说,对于国有企业而言,相比第二类代理问题,来自第一类的代理问题对会计信息可比性的影响更显著。

对于非国有企业而言,控股股东直接或间接地为自然人或者家族。为了保护自身利益,非国有企业的控股股东有动机也有能力对管理层进行监督,所以非国有企业的管理层能够更好地与股东的利益保持一致。研究表明在东亚的家族企业中管理权和控制权很少发生分离,超过 2/3 的公司由一个股东控制(Claessens et al.,2000)。控股股东掌握了公司的控制权,同时也控制了公司的财务报告程序和对外披露政策,进而有动机直接侵占中小股东的利益(Classens et al.,2002;沈艺峰等,2008;等等)。为了持续高效地掠夺中小股东的财富,控股股东就需要操纵会计信息掩盖这种掠夺行为,而会计选择成为用来增进其利益的常用手段。所以,第二类代理问题越严重,会计信息可比性越低。

综上所述,企业所有权性质不同,影响会计信息可比性的代理问题表现也不同。我们发现国有企业的第一类代理问题比非国有企业更严重;而非国有企业的第二类代理问题较国有企业而言更突出。所以提出如下假设:

假设 2 相比非国有企业,国有企业的第一类代理成本对会计信息可比性的削弱更突出;相比国有企业,非国有企业的第二类代理成本对会计信息可比性的削弱更突出。

三、研究设计

（一）数据来源

本文选取 2003—2014 年沪深两市所有 A 股上市公司数据作为研究样本,检验上市公司的代理成本对会计信息可比性的影响。本文所需的数据来源于 CSMAR 数据库,并进行了如下的数据筛选:(1) 由于金融保险类公司财务结构以及会计信息的特殊性,按照研究惯例剔除所有金融保险类的样本公司;(2) 剔除数据缺失的样本公司;(3) 由于会计信息可比性的估计使用了滞后 12 个季度的财务数据进行估计,而我国 2007 年开始实施新会计准则,这就意味着,2007 年和 2008 年两年的会计信息可比性的估计使用了新旧两套不同准则下的会计信息,所以为了有效度量会计信息可比性,剔除了 2007 年和 2008 年两年的样本公司。经过筛选,最后得到公司年度的观测为 12 423 个。

(二)检验模型

为了检验两类代理成本对会计信息可比性的影响,我们构建了如下模型:

$$\begin{aligned} \mathrm{COMPARE}_{i,t} = & \alpha_0 + \alpha_1 \mathrm{FEE}_{i,t} + \alpha_2 \mathrm{SOE}_{i,t} + \alpha_3 \mathrm{STANDARD}_{i,t} + \alpha_4 \mathrm{SIZE}_{i,t} + \\ & \alpha_5 \mathrm{LEV}_{i,t} + \alpha_6 \mathrm{BM}_{i,t} + \alpha_7 \mathrm{VOL}_{i,t} + \alpha_8 \mathrm{EXPERT}_{i,t} + \\ & \alpha_9 \mathrm{FOLLOW}_{i,t} + \alpha_{10} \mathrm{INSTI}_{i,t} + \alpha_{11} \mathrm{AbsDA}_{i,t} + \\ & \alpha_{12} \mathrm{SMOOTH}_{i,t} + \varepsilon_{i,t} \end{aligned} \quad (1)$$

$$\begin{aligned} \mathrm{COMPARE}_{i,t} = & \alpha_0 + \alpha_1 \mathrm{ORECTA}_{i,t} + \alpha_2 \mathrm{SOE}_{i,t} + \alpha_3 \mathrm{STANDARD}_{i,t} + \\ & \alpha_4 \mathrm{SIZE}_{i,t} + \alpha_5 \mathrm{LEV}_{i,t} + \alpha_6 \mathrm{BM}_{i,t} + \alpha_7 \mathrm{VOL}_{i,t} + \\ & \alpha_8 \mathrm{EXPERT}_{i,t} + \alpha_9 \mathrm{FOLLOW}_{i,t} + \alpha_{10} \mathrm{INSTI}_{i,t} + \\ & \alpha_{11} \mathrm{AbsDA}_{i,t} + \alpha_{12} \mathrm{SMOOTH}_{i,t} + \varepsilon_{i,t} \end{aligned} \quad (2)$$

$$\begin{aligned} \mathrm{COMPARE}_{i,t} = & \alpha_0 + \alpha_1 \mathrm{FEE}_{i,t} + \alpha_2 \mathrm{ORECTA}_{i,t} + \alpha_3 \mathrm{SOE}_{i,t} + \alpha_4 \mathrm{STANDARD}_{i,t} + \\ & \alpha_5 \mathrm{SIZE}_{i,t} + \alpha_6 \mathrm{LEV}_{i,t} + \alpha_7 \mathrm{BM}_{i,t} + \alpha_8 \mathrm{VOL}_{i,t} + \alpha_9 \mathrm{EXPERT}_{i,t} + \\ & \alpha_{10} \mathrm{FOLLOW}_{i,t} + \alpha_{11} \mathrm{INSTI}_{i,t} + \alpha_{12} \mathrm{AbsDA}_{i,t} + \\ & \alpha_{13} \mathrm{SMOOTH}_{i,t} + \varepsilon_{i,t} \end{aligned} \quad (3)$$

为了进一步检验所有权性质对代理成本与会计信息可比性之间关系的影响,我们在上述模型的基础上加入所有权性质与代理成本的交互项,构建模型如下所示:

$$\begin{aligned} \mathrm{COMPARE}_{i,t} = & \alpha_0 + \alpha_1 \mathrm{FEE}_{i,t} + \alpha_2 \mathrm{FEE}_{i,t} \times \mathrm{SOE}_{i,t} + \alpha_3 \mathrm{SOE}_{i,t} + \\ & \alpha_4 \mathrm{STANDARD}_{i,t} + \alpha_5 \mathrm{SIZE}_{i,t} + \alpha_6 \mathrm{LEV}_{i,t} + \alpha_7 \mathrm{BM}_{i,t} + \\ & \alpha_8 \mathrm{VOL}_{i,t} + \alpha_9 \mathrm{EXPERT}_{i,t} + \alpha_{10} \mathrm{FOLLOW}_{i,t} + \alpha_{11} \mathrm{INSTI}_{i,t} + \\ & \alpha_{12} \mathrm{AbsDA}_{i,t} + \alpha_{13} \mathrm{SMOOTH}_{i,t} + \varepsilon_{i,t} \end{aligned} \quad (4)$$

$$\begin{aligned} \mathrm{COMPARE}_{i,t} = & \alpha_0 + \alpha_1 \mathrm{ORECTA}_{i,t} + \alpha_2 \mathrm{ORECTA}_{i,t} \times \mathrm{SOE}_{i,t} + \alpha_3 \mathrm{SOE}_{i,t} + \\ & \alpha_4 \mathrm{STANDARD}_{i,t} + \alpha_5 \mathrm{SIZE}_{i,t} + \alpha_6 \mathrm{LEV}_{i,t} + \alpha_7 \mathrm{BM}_{i,t} + \\ & \alpha_8 \mathrm{VOL}_{i,t} + \alpha_9 \mathrm{EXPERT}_{i,t} + \alpha_{10} \mathrm{FOLLOW}_{i,t} + \alpha_{11} \mathrm{INSTI}_{i,t} + \\ & \alpha_{12} \mathrm{AbsDA}_{i,t} + \alpha_{13} \mathrm{SMOOTH}_{i,t} + \varepsilon_{i,t} \end{aligned} \quad (5)$$

$$\begin{aligned} \mathrm{COMPARE}_{i,t} = & \alpha_0 + \alpha_1 \mathrm{FEE}_{i,t} + \alpha_2 \mathrm{ORECTA}_{i,t} + \alpha_3 \mathrm{FEE}_{i,t} \times \mathrm{SOE}_{i,t} + \\ & \alpha_4 \mathrm{ORECTA}_{i,t} \times \mathrm{SOE}_{i,t} + \alpha_5 \mathrm{SOE}_{i,t} + \alpha_6 \mathrm{STANDARD}_{i,t} + \\ & \alpha_7 \mathrm{SIZE}_{i,t} + \alpha_8 \mathrm{LEV}_{i,t} + \alpha_9 \mathrm{BM}_{i,t} + \alpha_{10} \mathrm{VOL}_{i,t} + \alpha_{11} \mathrm{EXPERT}_{i,t} + \\ & \alpha_{12} \mathrm{FOLLOW}_{i,t} + \alpha_{13} \mathrm{INSTI}_{i,t} + \alpha_{14} \mathrm{AbsDA}_{i,t} + \\ & \alpha_{15} \mathrm{SMOOTH}_{i,t} + \varepsilon_{i,t} \end{aligned} \quad (6)$$

其中，因变量 $COMPARE_{i,t}$ 定义为公司 i 第 t 年的会计信息可比性，借鉴 De Franco 等（2011）的度量方法，具体参见附录。

自变量 $FEE_{i,t}$ 表示公司 i 第 t 年的第一类代理成本，借鉴 Ang et al.（2000）和陈冬华等（2005）的方法，以管理费用率（即管理费用/总资产）度量第一类代理成本；$ORECTA_{i,t}$ 表示公司 i 第 t 年的第二类代理成本，参考姜国华和岳衡（2005）的观点，以大股东占款（即其他应收款/总资产）度量第二类代理成本。基于假设 1 的推理，我们预期两者的回归系数为负。

所有权性质（$SOE_{i,t}$），虚拟变量，如果公司 i 第 t 年的实际控制人为国有性质，取值为 1；否则，取值为 0。基于假设 2 的推理，我们预期 $FEE_{i,t} \times SOE_{i,t}$ 的回归系数为负，$ORECTA_{i,t} \times SOE_{i,t}$ 的回归系数为正。

模型中还控制了其他影响会计信息可比性的因素，具体阐述如下：

会计准则变迁（$STANDARD_{i,t}$），虚拟变量，鉴于我国 2007 年开始实施新会计准则，公司 i 的财报年度小于 2007 时，取值为 0；否则，取值为 1。我国新会计准则全面向 IFRS 靠拢，而来自欧洲强制实施 IFRS 的证据表明，强制实施 IFRS 显著提高了会计信息可比性（Brochet et al.，2013；Cascino and Gassen，2014）。此外，强制实施 IFRS 对盈余质量的提高也是会计信息可比提高的驱动因素（Peterson et al.，2012；Yip and Young，2012）。根据上述文献，我们预期 $STANDARD_{i,t}$ 的回归系数为正。

公司规模（$SIZE_{i,t}$），定义为公司 i 第 t 年总资产的自然对数。规模是影响企业会计选择的重要因素（Watts and Zimmerman，1986）。一般而言，规模越大，公司业务结构越复杂，涉及的会计选择相对越多。所以，我们预期 $SIZE_{i,t}$ 的回归系数为负。

负债比率（$LEV_{i,t}$），定义为公司 i 第 t 年总负债与总资产的比值。基于委托代理理论，债务契约是公司治理机制的重要一环。所谓的"债务契约假设"，是指管理层选择或者变更会计方法以避免违反债务契约。所以，负债比率越高的公司可能会选择与同行业公司显著不同的会计政策。我们预期负债比率越高，会计信息可比性越低，即 $LEV_{i,t}$ 的回归系数为负。

账面市值比（$BM_{i,t}$），定义为公司 i 第 t 年的总资产与市场价值的比值，其中，市场价值＝负债账面价值＋流通股市值＋非流通股股数×每股净资产。公司成长性越高，面临的会计选择越多，进而导致会计信息的可比性下降。我们预期 $BM_{i,t}$ 的回归系数为正。

盈余波动性（$VOL_{i,t}$），定义为公司 i 第 t 年滞后 3 年的主营业务收入的标准差。根据契约理论,因为代理人掌握优势信息,对于额外的风险(盈余波动),委托人需要支付更高的溢价给代理人,而代理人为了追求自身效用最大化有动机通过会计选择实现盈余平滑。事实上,Graham et al.(2005)通过问卷调查发现,管理层不喜欢盈余波动,96.9%的管理者倾向于进行盈余平滑。所以,盈余波动性越大,管理层越可能无视同行业其他公司的会计选择,而是选择能够有效平滑盈余的会计方法。因此,我们预期 $VOL_{i,t}$ 的回归系数为负。

审计师行业专长($EXPERT_{i,t}$),计算公式如下:

$$EXPERT_{i,t} = \sum_{j=1}^{j} Asset_{i,k,j} / \sum_{k=1}^{k}\sum_{j=1}^{j} Asset_{i,k,j}$$

$EXPERT_{i,t}$ 表示第 t 年会计师事务所 i 在特定行业 k 的客户总资产(Asset)占 i 事务所全部客户资产总额的比例,该值越大,表示审计师行业专长水平越高。审计师行业专长水平越高,对企业的会计选择行为的约束能力越强;同时,审计师行业专长水平越高,审计程序的标准化程度越高。Francis et al.(2014)以美国1987—2011年间的上市公司为样本,研究发现,被具有较高审计师行业专长的国际四大会计师事务所审计的同行业公司的盈余结构和应计利润可比性更高。所以,审计师行业专长水平越高,企业的会计信息可比性越高。我们预期 $EXPERT_{i,t}$ 的回归系数为正。

分析师跟踪数目($FOLLOW_{i,t}$),定义为公司 i 第 t 年被跟踪的分析师数目加1的自然对数。机构投资者持股比例($INSTI_{i,t}$),定义为公司 i 第 t 年机构投资者持股占流通股的比重。我们用分析师跟踪数目和机构投资者持股比例作为对管理层操纵会计选择的监督机制,分析师跟踪数目越多、机构投资者持股比例越大,企业的信息环境越好,管理层操纵会计选择的机会主义成本越大。我们预期两者的回归系数为正。

盈余质量($AbsDA_{i,t}$),参照 Dechow et al.(1995)横截面修正的 Jones 模型,将估计的操控性应计取绝对值定义为盈余质量,该值越大,表示盈余质量越低。盈余平滑度($SMOOTH_{i,t}$),参照 Leuz et al.(2003)的做法,盈余平滑度用滞后3年净利润的标准差与经营活动现金流的标准差的比值度量,该值越大,表示盈余平滑程度越高。Barth et al.(2013)以美国上市公司为样本,研究了基于 IFRS 和基于美国 GAAP 的会计信息可比性。结果发现,美国公司由 GAAP 转换为 IFRS 之后的会计信息的价值相关性和会计信息可比性更高。进一步研究发现,盈余平滑度、应计盈余质量可能是会计信息可比性提高的驱动因素。Peterson et al.(2012)也得出相似的研究结论,无论是从横截面还是时间序列上看,更高的盈余平滑度以及更高的应计盈余质量都意味着会计政策选择的可比性。

此外,行业类别是影响会计政策选择的重要因素(Watts and Zimmerman,1986),所以,不同行业也表现为不同的会计信息可比性,为此,本文控制了行业哑变量(IND),已消除行业的固定效应。

四、实证结果与分析

(一)描述性统计

表1报告了主要变量的描述性统计。为了消除极端数据对后续回归结果的影响,我们对所有连续变量进行了1%和99%的Winsorize处理。COMPARE的均值(中位数)为-2.200(-1.880),高于De Franco et al. (2011)基于美国上市公司估计的-5.1(-2.7),表明我国上市公司的会计信息可比性高于美国上市公司,而且公司间的会计信息可比性的差异程度小于美国上市公司。FEE的均值为0.103,标准差为0.133,表明不同公司之间的管理费用率差异较大。相似地,ORECTA的均值为0.033,标准差为0.059,表明不同公司之间的大股东占款也存在较大的差异。SOE均值为0.564,表明样本中56.4%的公司是国有上市公司。STANDARD的均值为0.688,表明准则变迁后的样本占比为68.8%。其他控制变量详情参见表1所示。

表1 主要变量的描述性统计

变量	N	MEAN	STD	P1	MEDIAN	P99
COMPARE	12 423	-2.200	1.212	-6.916	-1.880	-0.875
FEE	12 423	0.103	0.133	0.007	0.073	0.881
ORECTA	12 423	0.033	0.059	0.000	0.012	0.337
SOE	12 423	0.564	0.496	0.000	1.000	1.000
STANDARD	12 423	0.688	0.463	0.000	1.000	1.000
SIZE	12 423	21.850	1.236	19.270	21.720	25.510
LEV	12 423	0.498	0.196	0.077	0.508	0.914
BM	12 423	0.608	0.246	0.120	0.603	1.139
VOL	12 423	0.229	0.349	0.015	0.130	2.421
EXPERT	12 423	0.051	0.065	0.001	0.028	0.353
FOLLOW	12 423	1.207	1.107	0.000	1.099	3.497
INSTI	12 423	0.064	0.107	0.000	0.027	0.616
AbsDA	12 423	0.061	0.059	0.001	0.044	0.305
SMOOTH	12 423	0.842	1.429	0.011	0.390	8.172

(二) 相关性系数

表 2 报告了主要变量间的相关系数。FEE 和 ORECTA 与 COMPARE 的 Pearson 相关系数分别为 −0.077 和 −0.108,且都在 1% 的水平下显著,表明在不考虑其他因素的情况下,两类代理成本越高,会计信息可比性越低,与假设 1 一致。此外,SOE 与 COMPARE 的相关系数显著负相关,表明在不考虑其他因素的情况下,相比非国有企业,国有企业的会计信息可比性更低。STANDARD 与 COMPARE 的相关系数显著正相关,表明在不考虑其他因素的情况下,实施新准则之后,会计信息可比性更高。其他控制变量与 COMPARE 的相关性系数与预期相一致,详情如表 2 所示。

(三) 回归结果与分析

表 3 报告了假设检验的回归结果。回归(1)中 FEE 的系数为 −1.003,且在 1% 的水平下显著,表明在没有控制第二类代理成本的情况下,第一类代理成本越高,管理层越可能做出更多自利动机的会计选择,进而降低了会计信息可比性。回归(2)中 ORECTA 的系数为 −1.927,且在 1% 的水平下显著,表明在没有控制第一类代理成本的情况下,第二类代理成本越高,大股东越可能操纵会计选择,以掩盖其侵占行为,进而降低了会计信息可比性。回归(3)同时把 FEE 和 ORECTA 放到回归模型中,结果发现两者的系数分别为 −0.854 和 −1.414,均在 1% 的水平下显著。总而言之,代理成本越高时,管理层(大股东)会做出更多自利动机的会计选择,进而降低会计信息可比性,支持了假设 1。回归(4)、回归(5)和回归(6)分别在回归(1)、回归(2)和回归(3)的基础上加入了 SOE 与代理成本的交互项。结果发现,在回归(4)中,SOE×FEE 的系数为 −0.458,且在 10% 的水平下显著(单尾),表明在不控制第二类代理成本的情况下,相比非国有企业,国有企业的第一类代理成本对会计信息可比性的削弱更突出;在回归(5)中,SOE×ORECTA 的系数为 1.442,且在 1% 的水平下显著,表明在没有控制第一类代理成本的情况下,相比国有企业,非国有企业的第二类代理成本对会计信息可比性的削弱更突出。在回归(6)中,同时将两类代理成本与 SOE 的交互项放在回归模型中,SOE×FEE 和 SOE×ORECTA 的系数分别为 −0.713 和 1.699,且分别在 10% 和 1% 的水平下显著。总之,所有权性质不同,代理成本对会计信息可比性的影响机制不同。相比非国有企业,降低国有企业会计信息可比性的代理问题主要体现在第一类代理成本上;相比国有

表 2 主要变量的相关性系数

	COMPARE	FEE	ORECTA	SOE	STANDARD	SIZE	LEV	BM	VOL	EXPERT	FOLLOW	INSTI	AbsDA
FEE	−0.077***												
ORECTA	−0.108***	0.321***											
SOE	−0.108***	−0.130***	−0.088***										
STANDARD	0.088***	−0.099***	−0.346***	−0.062***									
SIZE	−0.173***	−0.302***	−0.256***	0.272***	0.226***								
LEV	−0.226***	−0.095***	0.127***	0.122***	−0.022***	0.303***							
BM	−0.139***	−0.159***	0.011	0.185***	−0.267***	0.446***	0.322***						
VOL	−0.008	−0.107***	−0.044***	0.002	0.077***	0.141***	0.121***	0.003					
EXPERT	0.052***	−0.059***	−0.094***	0.049***	0.115***	0.312***	0.014*	0.103***	0.017**				
FOLLOW	0.016*	−0.178***	−0.288***	0.069***	0.339***	0.536***	−0.057***	−0.090***	0.085***	0.153***			
INSTI	0.009	−0.053***	−0.096***	0.078***	0.017	0.124***	−0.035***	−0.075***	0.023***	0.051***	0.257***		
AbsDA	−0.059***	0.111***	0.100***	−0.060***	0.008	−0.079***	0.095***	−0.108***	0.135***	−0.049***	−0.056***	−0.004	
SMOOTH	0.210***	0.193***	0.101***	−0.051***	0.020***	−0.120***	−0.034***	−0.147***	−0.030***	−0.038***	−0.059***	0.002	0.034***

注：该表列示的是 Pearson 相关系数。***、**、* 分别表示统计上 1%、5% 和 10% 的显著水平（双尾检验）。

表 3 假设检验的回归结果

变量	假设1的检验结果			假设2的检验结果		
	(1)	(2)	(3)	(4)	(5)	(6)
FEE	−1.003***		−0.854***	−0.858***		−0.601***
	(−6.19)		(−5.00)	(−4.42)		(−3.11)
ORECTA		−1.927***	−1.414***		−2.505***	−2.124***
		(−7.05)	(−4.17)		(−9.17)	(−7.21)
SOE×FEE				−0.458^d		−0.713*
				(−1.38)		(−1.89)
SOE×ORECTA					1.442***	1.699***
					(3.42)	(3.06)
SOE	−0.111***	−0.115***	−0.120***	−0.064	−0.164***	−0.105**
	(−3.29)	(−3.40)	(−3.56)	(−1.15)	(−4.62)	(−2.08)
STANDARD	0.402	0.339	0.351	0.402	0.340	0.350
	(1.34)	(1.12)	(1.17)	(1.33)	(1.13)	(1.17)
SIZE	−0.215***	−0.205***	−0.223***	−0.216***	−0.205***	−0.224***
	(−3.11)	(−2.85)	(−3.24)	(−3.15)	(−2.85)	(−3.28)
LEV	−1.013***	−0.912***	−0.935***	−1.009***	−0.914***	−0.929***
	(−6.90)	(−5.92)	(−6.38)	(−6.91)	(−5.80)	(−6.22)
BM	0.084	0.089	0.082	0.082	0.091	0.080
	(0.31)	(0.33)	(0.31)	(0.30)	(0.33)	(0.30)
VOL	−0.097**	−0.119***	−0.097**	−0.097**	−0.120***	−0.098**
	(−2.58)	(−3.26)	(−2.54)	(−2.51)	(−3.30)	(−2.51)
EXPERT	0.771**	0.851***	0.774**	0.781**	0.851***	0.793***
	(2.54)	(2.81)	(2.56)	(2.56)	(2.83)	(2.61)
FOLLOW	0.051	0.049	0.047	0.051	0.049	0.047
	(0.86)	(0.81)	(0.80)	(0.85)	(0.82)	(0.80)
INSTI	0.191	0.165	0.159	0.187	0.166	0.154
	(1.18)	(1.01)	(0.99)	(1.14)	(1.02)	(0.94)
AbsDA	−1.085***	−1.209***	−1.039***	−1.101***	−1.209***	−1.068***
	(−3.01)	(−3.36)	(−2.92)	(−3.02)	(−3.36)	(−2.93)
SMOOTH	0.168***	0.176***	0.164***	0.167***	0.177***	0.164***
	(8.07)	(8.53)	(8.30)	(8.07)	(8.47)	(8.21)
Constant	3.338***	3.085**	3.544***	3.349***	3.097**	3.565***
	(2.69)	(2.39)	(2.85)	(2.71)	(2.41)	(2.88)
IND	控制	控制	控制	控制	控制	控制
N	12 423	12 423	12 423	12 423	12 423	12 423
R-squared	0.22	0.22	0.23	0.22	0.22	0.23

注：***、**、*分别表示统计上1%、5%和10%的显著水平(双尾检验)，d表示统计上10%的显著水平(单尾检验)。t值根据公司和年度两个层面进行cluster后的标准差估计得到。

企业,第二类代理成本是降低非国有企业会计信息可比性更突出的代理问题,支持了假设2。

在控制变量方面,SOE 的系数均显著为负,表明整体上而言,国有企业的会计信息可比性更低;STANDARD 的系数均显著为正,表明实施向 IFRS 趋同的新准则之后,会计信息可比性显著提高,这与来自欧洲的经验证据相一致(Brochet et al.,2013;Cascino and Gassen,2014);SIZE 的系数均显著为负,表明规模越大,会计选择越多,会计信息可比性越低;LEV 的系数均显著为负,符合债务契约假设,负债比率越高时,公司越可能选择显著不同的会计政策以避免违反债务契约,从而降低了会计信息可比性;VOL 的系数均显著为负,表明盈余波动性越大,会计信息可比性越低;EXPERT 的系数均显著为正,表明审计师行业专长水平越高,审计程序的标准化程度越高,会计信息可比性越高,这与 Francis et al.(2013)的结论一致;AbsDA 的系数均显著为负,表明管理层的盈余操纵水平越高,会计信息可比性越低;SMOOTH 的系数均显著为正,表明盈余平滑水平越高,会计信息可比性越高。这也印证了 Barth et al.(2013)和 Peterson et al.(2012)的结论,更高的盈余平滑度和更高的应计盈余质量是会计信息可比性更高的驱动因素。此外,BM(账面市值比)、FOLLOW(分析师跟踪)和 INSTI(机构投资者持股)均不显著。

五、稳健性测试

为了检验研究结论的可靠性,我们对上述检验进行了如下的稳健性测试。

(一)变更会计信息可比性的度量

首先,为了保证我们度量的会计信息可比性信噪比更大,我们重新度量的目标公司的会计信息可比性(M4_COMPARE)为目标公司与同行业最可比的四个公司的可比性的平均值。与 COMPARE 一样,M4_COMPARE 的数值越大,表示会计信息可比性越高。Cooper and Cordeiro(2008)的研究表明,相比选择同行业所有公司而言,选择少数几家可比性最高的公司能够以最低的噪音成本获得更高价值相关性的信息,从而更好地对目标公司进行估值。

其次,Beaver et al.(1980)等研究认为,在一个有效的资本市场中,股价变化能很快地将市场对预期未来净现金流量修正的折现价值包含在内,相反,由于收入费用配比原则是盈余确认程序的基本原则,所以会计盈余在反映股价变化时所包含的信息存在滞后性,即价格领导盈余。为了消除回报与盈余之间的领先滞后关系对会计信息系统的影响,与 De Franco et al.(2011)一样,我们在

度量会计信息可比性时,也考虑了滞后一期的股票回报,即用回归方程(7)取代文后附录中的方程(2),具体表述如下:

$$\text{Earnings}_{i,t} = \alpha_i + \beta_{1i}\text{Return}_{i,t} + \beta_{2i}\text{Return}_{i,t-1} + \varepsilon_{i,t} \qquad (7)$$

考虑了价格领导盈余的因素之后,根据回归方程(7)估计的系数重新度量的会计信息可比性定义为 PLE_COMPARE$_{i,t}$。

最后,已有研究表明正负盈余的市场反应存在不对称性(Basu,1997)。为了消除这种现象对会计信息可比性度量的影响,参照 Campbell and Yeung (2012)的做法,我们用回归方程(8)取代文后附录中方程(2)所示的会计信息系统的回归方程:

$$\text{Earnings}_{i,t} = \alpha_i + \beta_{1i}\text{Return}_{i,t} + \beta_{2i}\text{Neg}_{i,t} + \beta_{3i}\text{Return}_{i,t-1} \times \text{Neg}_{i,t} + \varepsilon_{i,t} \quad (8)$$

其中,如果 Return$_{i,t}$为负或者等于零,则 Neg$_{i,t}$取值为1,否则取值为0。根据上述方程估计得出的会计信息可比性定义为 SIGN_COMPARE。

表4报告了变更会计信息可比性后的回归结果。回归(3)是对假设1的检验结果,针对三种度量会计信息可比性的 M4_COMPARE、PLE_COMPARE 和 SIGN_COMPARE,FEE 的系数分别为-0.425、-0.789和-0.829,且均在1%的水平下显著;ORECTA 的系数分别为-0.582、-1.737和-1.305,均在1%的水平下显著;这表明两类代理成本越高,会计信息可比性越低,即假设1的结论保持不变。回归(6)是对假设2的检验结果,针对三种度量会计信息可比性的 M4_COMPARE、PLE_COMPARE 和 SIGN_COMPARE,SOE×FEE 的系数分别为-0.517、-0.783和-0.562,统计上分别在双尾5%、双尾10%以及单尾10%的水平下显著;SOE×ORECTA 的系数分别为0.332、1.468和1.680,后两者分别在5%和1%的水平下显著。变更会计信息可比性之后,结论基本保持不变,假设2基本得到验证。总而言之,变更会计信息可比性的度量之后,假设1和假设2的结论基本是稳健的。

表4 假设检验的稳健性分析:变更会计信息可比性

变量	M4_COMPARE		PLE_COMPARE		SIGN_COMPARE	
	(3)	(6)	(3)	(6)	(3)	(6)
FEE	-0.425***	-0.255***	-0.789***	-0.533***	-0.829***	-0.625***
	(-4.62)	(-3.30)	(-4.97)	(-2.58)	(-4.57)	(-2.99)
ORECTA	-0.582***	-0.728***	-1.737***	-2.329***	-1.305***	-2.004***
	(-3.38)	(-4.63)	(-4.98)	(-8.10)	(-4.03)	(-6.89)

（续表）

变量	M4_COMPARE		PLE_COMPARE		SIGN_COMPARE	
	(3)	(6)	(3)	(6)	(3)	(6)
SOE×FEE		−0.517**		−0.783*		−0.562d
		(−2.16)		(−1.78)		(−1.56)
SOE×ORECTA		0.332		1.468**		1.680***
		(1.26)		(2.33)		(3.01)
SOE	−0.055***	−0.014	−0.133***	−0.101*	−0.116***	−0.116**
	(−3.18)	(−0.44)	(−4.26)	(−1.91)	(−3.24)	(−2.16)
STANDARD	0.066*	0.066*	0.547*	0.547*	0.482	0.482
	(1.69)	(1.67)	(1.78)	(1.79)	(1.34)	(1.34)
SIZE	−0.074***	−0.075***	−0.257***	−0.258***	−0.262***	−0.263***
	(−5.61)	(−5.79)	(−3.64)	(−3.68)	(−4.25)	(−4.30)
LEV	−0.432***	−0.427***	−0.977***	−0.972***	−0.993***	−0.989***
	(−7.11)	(−7.06)	(−6.15)	(−6.07)	(−6.03)	(−5.88)
BM	0.004	0.002	0.289	0.286	0.253	0.252
	(0.097)	(0.044)	(1.11)	(1.09)	(1.05)	(1.05)
VOL	−0.014	−0.014	−0.084**	−0.083**	−0.050	−0.051
	(−0.79)	(−0.76)	(−2.13)	(−2.09)	(−1.24)	(−1.25)
EXPERT	0.242*	0.254*	0.718**	0.738**	0.834***	0.849***
	(1.68)	(1.76)	(2.30)	(2.36)	(2.82)	(2.86)
FOLLOW	0.022*	0.021*	0.072	0.072	0.058	0.058
	(1.77)	(1.72)	(1.26)	(1.25)	(1.01)	(1.01)
INSTI	0.066	0.061	0.194	0.190	0.197	0.193
	(0.96)	(0.87)	(1.16)	(1.14)	(1.22)	(1.19)
AbsDA	−0.500***	−0.518***	−1.045***	−1.072***	−1.200***	−1.224***
	(−4.29)	(−4.35)	(−2.91)	(−2.91)	(−3.06)	(−3.07)
SMOOTH	0.072***	0.072***	0.169***	0.168***	0.171***	0.171***
	(9.49)	(9.46)	(8.13)	(8.06)	(7.89)	(7.82)
Constant	1.532***	1.546***	3.891***	3.912***	3.952***	3.968***
	(5.65)	(5.76)	(3.18)	(3.22)	(3.55)	(3.58)
IND	控制	控制	控制	控制	控制	控制
N	12 423	12 423	11 740	11 740	12 423	12 423
R-squared	0.17	0.17	0.26	0.26	0.25	0.25

注：***、**、*分别表示统计上1%、5%和10%的显著水平（双尾检验），d表示统计上10%的显著水平（单尾检验）。t值根据公司和年度两个层面进行cluster后的标准差估计得到。

（二）变更代理成本的度量

为了消除本文结论依赖于代理成本的度量，我们变更代理成本后，对假设1和假设2重新进行检验。

首先,变更第一类代理成本度量的稳健性检验。Ang et al.(2000)对代理成本的衡量使用的是经营费用占销售额的比例。考虑到单独的管理费用科目不能完全涵盖经营费用,本文又以销售费用和管理费用之和与营业收入的比值(FEE1)衡量第一类代理成本(袁振超等,2014)。同时,我们也参考 Ang et al.(2000)使用总资产周转率(TURNOVER)作为第一类代理成本的代理变量。此外,我们也考虑用上市公司前三大高管薪酬的自然对数(MANSALARY)作为第一类代理成本的代理变量。表5是变更第一类代理成本后的回归结果。回归(3)是对假设1的检验结果,针对三种变更的第一类代理成本 FEE1、TURNOVER 和 MANSALARY,系数分别为-0.592、-0.083 和-0.059,且均在1%的水平下显著。相对应地,ORECTA 的系数分别为-1.490、-2.012 和-1.955,且均在1%的水平下显著。这表明假设1的结论是稳健的。考虑和 SOE 的交互作用后,如回归(6)所示,回归系数分别为-0.429、-0.079 和-0.070,且分别在1%、10%和1%的水平下显著。相对应地,SOE_ORECTA 的系数分别为1.597、1.495 和1.104,且均在1%的水平下显著。这表明假设2的结论也是稳健的。

表 5 变更第一类代理成本的稳健性分析

变量	因变量:COMPARE					
	(3)	(6)	(3)	(6)	(3)	(6)
FEE1	-0.592***	-0.437***				
	(-9.21)	(-5.73)				
TURNOVER			-0.083***	-0.037		
			(-3.60)	(-1.07)		
MANSALARY					-0.059***	-0.024^d
					(-3.87)	(-1.35)
SOE_FEE1		-0.429***				
		(-3.41)				
SOE_TURNOVER				-0.079*		
				(-1.86)		
SOE_MANSALARY						-0.070***
						(-3.03)
SOE_ORECTA		1.597***		1.495***		1.104***
		(4.56)		(4.41)		(3.13)
ORECTA	-1.490***	-2.150***	-2.012***	-2.620***	-1.955***	-2.364***
	(-7.71)	(-8.93)	(-10.6)	(-11.2)	(-10.4)	(-9.96)

(续表)

变量	因变量：COMPARE					
	(3)	(6)	(3)	(6)	(3)	(6)
SOE	−0.123***	−0.107***	−0.107***	−0.175***	−0.118***	0.798**
	(−5.91)	(−3.67)	(−5.09)	(−4.63)	(−5.65)	(2.50)
STANDARD	0.348***	0.349***	0.332***	0.334***	0.373***	0.380***
	(13.3)	(13.4)	(12.7)	(12.7)	(13.5)	(13.7)
SIZE	−0.222***	−0.223***	−0.208***	−0.208***	−0.188***	−0.186***
	(−15.5)	(−15.6)	(−14.6)	(−14.6)	(−12.7)	(−12.6)
LEV	−0.944***	−0.937***	−0.893***	−0.892***	−0.935***	−0.935***
	(−16.4)	(−16.3)	(−15.4)	(−15.4)	(−16.1)	(−16.1)
BM	0.080	0.080	0.085	0.087	0.071	0.077
	(1.41)	(1.41)	(1.49)	(1.53)	(1.24)	(1.34)
VOL	−0.095***	−0.096***	−0.150***	−0.151***	−0.125***	−0.125***
	(−3.31)	(−3.35)	(−4.99)	(−5.04)	(−4.33)	(−4.36)
EXPERT	0.770***	0.782***	0.835***	0.839***	0.801***	0.796***
	(4.70)	(4.78)	(5.09)	(5.11)	(4.87)	(4.85)
FOLLOW	0.053***	0.053***	0.054***	0.055***	0.057***	0.056***
	(4.25)	(4.28)	(4.32)	(4.38)	(4.50)	(4.49)
INSTI	0.162*	0.161*	0.183*	0.181*	0.175*	0.172*
	(1.72)	(1.71)	(1.94)	(1.91)	(1.85)	(1.82)
AbsDA	−1.084***	−1.109***	−1.244***	−1.247***	−1.209***	−1.205***
	(−6.43)	(−6.58)	(−7.37)	(−7.39)	(−7.17)	(−7.16)
SMOOTH	0.167***	0.167***	0.178***	0.179***	0.177***	0.178***
	(23.9)	(23.9)	(25.7)	(25.8)	(25.6)	(25.7)
Constant	3.533***	3.557***	3.181***	3.208***	3.498***	2.994***
	(12.7)	(12.8)	(11.5)	(11.6)	(11.9)	(8.83)
IND	控制	控制	控制	控制	控制	控制
N	12 423	12 423	12 423	12 423	12 423	12 423
R-squared	0.23	0.23	0.22	0.22	0.22	0.22

注：***、**、*分别表示统计上1%、5%和10%的显著水平（双尾检验），d表示统计上10%的显著水平（单尾检验）。t值根据公司和年度两个层面进行cluster后的标准差估计得到。

其次，变更第二类代理成本度量的稳健性检验。现有文献研究表明，两权分离度是用来度量大股东与中小股东之间代理成本的一个指标（La Porta et al.，1999；Claessens et al.，2000；Fan and Wong，2002）。基本逻辑是，两权分离度越大，表明终极控股股东获取控制权所付出的成本越小，来自所有权（或者说现金流权）的收益越小，进而越有动机通过侵占中小股东实现控制权收益。然而，这种推理比较适用于非国有企业，可能不适用于度量国有企业的第二类代理成本。两权分离的产生来源于控股股东金字塔持股结构（极少数采用交叉持股结构）。但对于国有企业而言，金字塔持股结构的产生是有特殊原因的。Fan et al.(2012)指出,由于我国特殊的制度背景,国有股权不能自由转让,因此,当外部环境需要管理层拥有更大的决策权时,国有企业可能会采用金字塔持股结构以避免直接转让股权的同时实现决策权转移的机制设计。在金字塔持股结构下,信息传递的成本大大提高,导致终极控制人不能有效地观察上市公司管理层的决策行为,这也就保证了管理层发挥其专业能力并实施独立的经营决策。换句话说,金字塔持股结构对于国有企业而言是一种激励相容的制度安排,能够让国有企业的管理层确信决策权的真正转移,有利于管理层专业能力的发挥,这和非国有企业的控股股东运用金字塔持股结构掠夺中小股东的情况不同(袁振超等,2014)。事实上,Fan et al.(2012)研究发现,当地方国有企业财务负担越小,失业问题越小,拥有更长期的目标以及公司的决策更取决于市场和法律规则时,地方国有企业更可能建立更长链条的金字塔持股结构;而且,进一步研究发现,金字塔持股链条的长度与托宾q、劳动与投资的效率以及总要素生产率显著正相关。

有鉴于此,我们根据所有权性质分组回归检验变更第二类代理成本度量的结果是否依然稳健。我们将两权分离度 SEPERATION 定义为终极控股股东的控制权与现金流权的比值。回归结果如表6所示,非国有性质的回归结果显示 SEPERATION 的系数显著为负,而国有性质样本的回归结果显示 SEPERATION 的系数虽然为负,但均没有通过显著性检验。此外,FEE 在两个样本中的系数均显著为负,而且对 FEE 的回归系数进行了差异检验,卡方统计量为4.49,在5%的水平下显著。总之,结果表明结论基本不变。

表6 变更第二类代理成本的稳健性分析

变量	非国有性质		国有性质	
	(1)	(2)	(3)	(4)
SEPERATION	−0.015***	−0.013***	−0.020	−0.010
	(−3.21)	(−2.80)	(−0.94)	(−1.01)
FEE		−0.378***		−0.690***
		(−11.2)		(−9.42)
STANDARD	0.097***	0.089***	0.391***	0.083***
	(6.30)	(5.85)	(11.2)	(5.11)
SIZE	0.004	−0.010	−0.277***	−0.104***
	(0.45)	(−1.18)	(−13.8)	(−11.0)
LEV	−0.383***	−0.387***	−1.029***	−0.541***
	(−12.7)	(−13.0)	(−11.8)	(−13.4)

（续表）

变量	非国有性质		国有性质	
	(1)	(2)	(3)	(4)
BM	−0.061*	−0.064*	0.161**	0.057
	(−1.86)	(−1.95)	(1.98)	(1.52)
VOL	−0.015	−0.004	−0.146***	−0.013
	(−1.01)	(−0.30)	(−3.31)	(−0.64)
EXPERT	0.010	0.077	1.163***	0.391***
	(0.11)	(0.82)	(4.96)	(3.60)
FOLLOW	−0.005	−0.007	0.092***	0.045***
	(−0.80)	(−0.98)	(5.00)	(5.26)
INSTI	0.036	0.015	0.212*	0.096*
	(0.56)	(0.24)	(1.69)	(1.66)
AbsDA	−0.546***	−0.406***	−1.438***	−0.662***
	(−6.30)	(−4.68)	(−5.58)	(−5.54)
SMOOTH	−0.064***	−0.058***	−0.205***	−0.089***
	(−19.0)	(−17.0)	(−18.4)	(−16.8)
Constant	−0.180	0.153	4.532***	2.186***
	(−1.14)	(0.97)	(11.4)	(11.7)
IND	控制	控制	控制	控制
N	5 420	5 420	7 003	7 003
R-squared	0.18	0.20	0.21	0.17
Test $\alpha2^{(2)}-\alpha2^{(4)}=0$	4.49**			

注：***、**、* 分别表示统计上1%、5%和10%的显著水平（双尾检验），d 表示统计上10%的显著水平（单尾检验）。t 值根据公司和年度两个层面进行 cluster 后的标准差估计得到。

六、研究结论

本文研究了代理成本与会计信息可比性之间的关系，并进一步考察所有权性质对代理成本与会计信息可比性关系的影响。我们认为，代理成本是影响会计选择的重要因素，进而影响会计信息可比性。代理成本越高，管理层（大股东）越可能通过操纵会计处理方法掩盖因为追求私利或者决策失败导致的不良财务表现，进而导致会计信息可比性降低。进一步地，不同所有权性质的企业，面临的代理冲突表现不同。相对非国有企业而言，国有企业由于控股股东缺位、管理层薪酬管制及其特有的政治晋升激励，第一类代理问题更突出；非国有企业控股股东直接或间接地为自然人或者家族，有动机也有能力对管理层实施有效的监督，所以非国有企业的管理层能够更好地与股东的利益保持一致。相对国有企业而言，非国有企业的大股东与中小股东的代理问题更突出。所以，相比非国有企业,国有企业的第一类代理问题降低会计信息可比性的程度更突出;而相比国有企业,非国有企业的第二类代理问题降低会计信息可比性的程度更显著。

基于 De Franco et al. (2011)度量的会计信息可比性,我们以中国 A 股2004—2006 年和 2009—2014 年间的上市公司为样本,研究了代理成本、所有权性质与会计信息可比性的关系。结果发现,两类代理成本越高,会计信息可比性越低;相比非国有企业,国有企业的第一类代理成本与会计信息可比性的负相关关系更显著;而相比国有企业,非国有企业的第二类代理成本与会计信息可比性的负相关关系更显著。在稳健性检验中,在考虑了会计信息可比性度量的信噪比、股价领导盈余以及市场对正负盈余反应的不对称性因素之后,我们的结论不变;变更代理成本度量也不改变本文的结论。本文首次探讨了会计信息可比性的影响因素,特别是从代理成本及所有权性质的角度探讨其对会计信息可比性的影响。这对于信息使用者理解上市公司会计信息可比性具有启示意义;同时,本文的研究结论对于监管者以及政策制定者关于如何提高会计信息可比性也具有借鉴意义。

参 考 文 献

[1] 陈冬华、陈信元、万华林,2005,国有企业中的薪酬管制与在职消费,《经济研究》,第 2 期,第 92—101 页。

[2] 陈冬华,2011,政治级别能激励高管吗?——来自中国上市公司的经验证据,南京大学商学院工作论文。

[3] 胡志勇,2008,《会计政策可比性:测定及其经济后果》,北京:经济科学出版社。

[4] 姜国华、岳衡,2005,大股东占用上市公司资金与上市公司股票回报率关系的研究,《管理世界》,第 9 期,第 119—126、157 页。

[5] 林毅夫、李志赟,2004,政策性负担、道德风险与预算软约束,《经济研究》,第 2 期,第 17—27 页。

[6] 沈艺峰、况学文、聂亚娟,2008,终极控股股东超额控制与现金持有量价值的实证研究,《南开管理评论》,第 11 卷第 1 期,第 15—24 页。

[7] 许年行、罗炜,2011,高管政治升迁与公司过度投资行为,中国人民大学商学院工作论文。

[8] 袁振超、岳衡、谈文峰,2014,代理成本、所有权性质与业绩预告精确度,《南开管理评论》,第 3 期,第 49—61 页。

[9] 郑志刚、李东旭、许荣、林仁韬、赵锡军,2012,国企高管的政治晋升与形象工程——基于 N 省 A 公司的案例研究,《管理世界》,第 10 期,第 146—156 页。

[10] 周黎安,2004,晋升博弈中政府官员的激励与合作:兼论我国地方保护主义和重复建设问题长期存在的原因,《经济研究》,第6期,第33—40页。

[11] Ang, J., R. Cole and J. Lin, 2000, Agency cost and ownership structure, *Journal of Finance*, 55, 81—106.

[12] Bae, K-H., H. T. and M. Welker, 2008, International GAAP differences: The impact on foreign analysts, *The Accounting Review*, 83(3), 593—628.

[13] Ball, R. and L. Shivakumar, 2006, The role of accruals in asymmetrically timely gain and loss recognition, *Journal of Accounting Research*, 44, 207—242.

[14] Barth, M. E., W. R. Landsman, M. Lang and C. D. Williams, 2013, Effects on comparability and capital market benefits of voluntary adoption of IFRS by US firms: Insights from voluntary adoption of IFRS by non-US firms, Available at SSRN: http://ssrn.com/abstract=2196247.

[15] Basu, S., 1997, The conservatism principle and the asymmetric timeliness of earnings, *Journal of Accounting and Economics*, 24, 3—37.

[16] Beaver, W., R. Lambert and D. Morse, 1980, The information content of security prices, *Journal of Accounting and Economics*, 2, 3—28.

[17] Beuselinck, C., J. Philip and S. Van der Meulen, 2007, International earnings comparability, Available at SSRN: http://ssrn.com/abstract=1014086.

[18] Brandt, L. and H. Li, 2003, Bank discrimination in transition economies: Ideology, information or incentives? *Journal of Comparative Economics*, 31(3), 387—413.

[19] Brochet, F., A. Jagolinzer and E. J. Riedl, 2013, Mandatory IFRS adoption and financial statement comparability, *Contemporary Accounting Research*, 30(4), 1373—1400.

[20] Caban-Garcia, M. T. and H. He, 2013, Comparability of earnings in Scandinavian countries: The impact of mandatory IFRS adoption and stock exchange consolidations, *Journal of International Accounting Research*, 12(1), 55—76.

[21] Campbell, J. L. and P. E. Yeung, 2012, Accounting comparability, investor sophistication, and contagion effects, Available at SSRN: http://ssrn.com/abstract=1966715.

[22] Cao, J., M. L. Lemmon, X. Pan, M. Qian and G. Tian, 2014, Political promotion, CEO incentives, and the relationship between pay and performance, Available at SSRN: http://ssrn.com/abstract=1914033.

[23] Cascino, S. and J. Gassen, 2014, What drives the comparability effect of mandatory IFRS adoption? *Review of Accounting Studies*, 20(1), 242—282.

[24] Chen, C., D. Young and Z. Zhuang, 2013, Externalities of mandatory IFRS adoption: Evidence from cross-border spillover effects of financial information on investment efficiency, *The Accounting Review*, 88(3), 881—914.

[25] Christie, A. A. and J. L. Zimmerman, 1994, Efficient and opportunistic choices of accounting procedures: Corporate control contests, *The Accounting Review*, 69(4), 539—566.

[26] Claessens, S., S. Djankov and L. Lang, 2000, The separation of ownership and control in East Asian corporations, *Journal of Financial Economics*, 58(1), 81—112.

[27] Claessens, S., S. Djankov, J. Fan and L. Lang, 2002, Disentangling the incentive and entrenchment effects of large shareholdings, *Journal of Finance*, 57(6), 2741—2772.

[28] Cole, V., J. Branson and D. Breesch, 2011, Determinants influencing the de facto comparability of European IFRS financial statements, Available at SSRN: http://ssrn.com/abstract=1967001.

[29] Cooper, I. and L. Cordeiro, 2008, Optimal equity valuation using multiples: The number of comparable firms, Available at SSRN: http://ssrn.com/abstract=1272349.

[30] Dechow, P., R. Sloan and A. Sweeney, 1995, Detecting earnings management, *The Accounting Review*, 70, 2—42.

[31] DeFond, M., X. Hu., M. Hung and S. Li, 2011, The impact of mandatory IFRS adoption on foreign mutual fund ownership: The role of comparability, *Journal of Accounting and Economics*, 51(3), 240—258.

[32] De Franco, G., S. P. Kothari and R. S. Verdi, 2011, The benefits of financial statement comparability, *Journal of Accounting Research*, 49(4), 895—931.

[33] Fan, J. P. and T. J. Wong, 2002, Corporate ownership structure and the informativeness of accounting earnings in East Asia, *Journal of Accounting & Economics*, 33(3), 401—425.

[34] Fan, J. P., T. J. Wong and T. Zhang, 2012, Institutions and organizational structure: The case of state-owned corporate pyramids, *The Journal of Law, Economics, and Organization*, 88(5), 1575—1602.

[35] Florou, A. and P. F. Pope, 2012, Mandatory IFRS adoption and institutional investment decisions, *The Accounting Review*, 87(6), 1993—2025.

[36] Francis, J. R., M. L. Pinnuck and O. Watanabe, 2014, Auditor style and financial statement comparability, *The Accounting Review*, 89(2), 605—633.

[37] Gover, J. C., 1971, A general coefficient of similarity and some of its properties, *Biometrics*, 27, 857—874.

[38] Graham, J., C. Harvey and S. Rajgopal, 2005, The economic implications of corporate financial reporting, *Journal of Accounting and Economics*, 40(1), 3—73.

[39] Horton, J., G. Serafeim and I. Serafeim, 2013, Does mandatory IFRS adoption improve the information environment? *Contemporary Accounting Research*, 30(1), 388—423.

[40] Jensen, M. C. and W. H. Meckling, 1994, The nature of man, *Journal of Applied Corporate Finance*, 7(2), 4—19.

[41] Jensen, M. C. and W. H. Meckling, 1976, Theory of the firm: Managerial behavior, agency costs and ownership, *Journal of Financial Economics*, 3(4), 305—360.

[42] La Porta, R., F. Lopez-de-Silanes and A. Shleifer, 1999, Corporate owner-ship around the world, *Journal of Finance*, 54(2), 471—517.

[43] Leuz, C., D. Nanda and P. Wysocki, 2003, Earnings management and investor protection: An international comparison, *Journal of Financial Economics*, 69, 505—527.

[44] Li, H. and L. Zhou, 2005, Political turnover and economic performance: The disciplinary role of personnel control in China, *Journal of Public Economics*, 89(9), 1743—1762.

[45] Peterson, K., R. Schmardebeck and T. J. Wilks, 2012, Accounting comparability and earnings attributes, Available at SSRN: http://ssrn.com/abstract=2117357.

[46] Roychowdhury, S., 2006, Earnings management through real activities manipulation, *Journal of Accounting and Economics*, 42(3), 335—370.

[47] Simmons, J. K., 1967, A concept of comparability in financial reporting, *The Accounting Review*, 42(4), 680—692.

[48] Taplin, R. H., 2006, A practical guide to constructing specialized indices of international accounting harmony using the harmonizer, *Financial Reporting Regulation and Governance*, 5(1), 1—28.

[49] Taplin, R. H., 2004, A unified approach to the measurement of international accounting harmony, *Accounting and Business Research*, 34(1), 57—73.

[50] Taplin, R. H., 2003, Harmony, statistical inference with the herfindahl H index and C index, *Abacus*, 39(1), 82—94.

[51] Taplin, R. H., 2010, Statistical inference using the t index to quantify the level of comparability between accounts, *Accounting and Business Research*, 40(1), 75—103.

[52] Taplin, R. H., 2011, The measurement of comparability in accounting research, *Abacus*, 47(3), 383—409.

[53] Van der Tas, L. G., 1988, Measuring harmonisation of financial reporting practice, *Accounting and Business Research*, 18(70), 157—169.

[54] Watts, R. L. and J. L. Zimmerman, 1986, *Positive Accounting Theory*, Prentice-Hall Inc.

[55] Yip, R. W. Y. and D. Young, 2012, Does mandatory IFRS adoption improve information comparability? *The Accounting Review*, 87(5), 1767—1789.

附录　会计信息可比性的度量

借鉴 De Franco et al.(2011)的方法,首先构建了会计系统可比性的度量方法,将会计系统定义为由经济事件生成财务报表的转换函数,表达如下:

$$\text{Financial Statements}_i = f_i(\text{Economic Events}_i) \quad (1)$$

(1)式中,$f_i(\cdot)$表示公司 i 的会计系统。两个公司的会计系统越相似,会计系统的可比性就越强。依据这一逻辑,给定相同的经济事件,如果两个公司能生成相似的财务报表,则会计信息可比性越强。也就是说,会计系统可比性

越强的两个公司 i 和 j，$f_i(\cdot)$ 和 $f_j(\cdot)$ 的差异应该越小，给定经济事件 X，公司 i 和 j 生成的会计信息的差异越小。为了使上述定义可测度，借鉴 Kothari (2001) 的思想，用股票收益率代表经济事件对公司的净影响，会计盈余作为综合的财务指标代表公司的会计信息。为了计算公司 i 第 t 期的会计信息可比性，首先，使用公司 i 第 t 期前的连续 12 个季度数据（至少 8 个季度数据）估计如下方程：

$$\text{Earnings}_{i,t} = \alpha_i + \beta_i \text{Return}_{i,t} + \varepsilon_{i,t} \tag{2}$$

(2)式中，$\text{Earnings}_{i,t}$ 为会计盈余，用扣除非经常性损益后的净利润与期初权益市场价值的比值来度量；$\text{Return}_{i,t}$ 为季度股票收益率。根据(1)式，(2)式的估计系数 $\hat{\alpha}_i$ 和 $\hat{\beta}_i$ 表示公司 i 的转换函数 $f_i(\cdot)$。相似地，$\hat{\alpha}_j$ 和 $\hat{\beta}_j$ 分别表示公司 j 的转换函数 $f_j(\cdot)$（根据公司 j 的 $\text{Earnings}_{j,t}$ 和 $\text{Return}_{j,t}$ 回归估计得到）。

两个公司间转换函数的相近程度表示它们之间会计信息可比性的程度。为了估计出这种相近程度，对于公司 i 和 j，假定经济事件相同（用 $\text{Return}_{j,t}$ 表示），分别采用如下转换函数估计出各种预期盈余。

$$E(\text{Earnings})_{i,i,t} = \hat{\alpha}_i + \hat{\beta}_i \text{Return}_{i,t} \tag{3}$$

$$E(\text{Earnings})_{i,j,t} = \hat{\alpha}_j + \hat{\beta}_j \text{Return}_{i,t} \tag{4}$$

其中，$E(\text{Earnings})_{i,i,t}$ 表示在期间 t，依据公司 i 的转换函数及公司 i 的股票收益率计算得到的公司 i 的预期盈余，$E(\text{Earnings})_{i,j,t}$ 表示在期间 t，依据公司 j 的转换函数及公司 i 的股票收益率计算得到的公司 j 的预期盈余。(3)式和(4)式都采用公司 i 股票收益率 $\text{Return}_{i,t}$ 作为相同的经济事件来预测（不失一般性，也可采用公司 j 的股票收益率 $\text{Return}_{j,t}$ 作为预测的依据），这样就可以计算两公司在相同经济事件情况下的预测盈余的差异程度。那么，定义公司 i 和 j 的会计信息可比性（$\text{CompAcct}_{i,j,t}$）为两公司预测盈余差异绝对值平均数的相反数。计算公司如下：

$$\text{CompAcct}_{i,j,t} = -1/12 \times \sum_{t-11}^{t} \left| E(\text{Earnings})_{i,i,t} - E(\text{Earnings})_{i,j,t} \right| \tag{5}$$

$\text{CompAcct}_{i,j,t}$ 是同行业公司间—年度层面上（Firm-Pair-Year Measure）的会计信息可比性的度量。$\text{CompAcct}_{i,j,t}$ 的值越大，表示在第 t 年，公司 i 与公司 j 的会计信息可比性越高。另外，根据公司 i 和同行业公司 j 的会计信息可比性，本文构建了公司—年度层面上（Firm-Year Measure）的会计信息可比性测度值。具体来说，对于公司 i 来说，计算出公司 i 所在行业内与其配对的所有公司的会计信息可比性的值,然后取平均值得出公司年度层面的会计信息可比性度量——$COMPARE_{i,t}$,与 $CompAcct_{i,j,t}$ 一样,其数值越大,表示会计信息可比性越高。此外,为了突显解释变量的变动对会计信息可比性的影响,我们将 $COMPARE_{i,t}$ 乘以 100。

研发投入、管理层预期与营业成本粘性行为
——基于我国 A 股市场的实证研究

赵 息 麻环宇 张 硕[*]

摘 要 本文以 2006—2014 年沪深 A 股主板非金融业上市公司为样本，研究研发投入和管理层预期对营业成本粘性行为的影响。我们推断，由于研发投入，公司增加了资源调整成本并使管理层形成对未来更乐观的预期，管理层会维持原有的研发投资承诺，进而增加公司的松弛资源，增强成本粘性。研究结果表明：(1) 以以前期间销售变化作为代理变量的管理层预期对成本习性产生显著影响，即营业成本会随着以前期间销售变化而呈现不同程度的粘性行为和反粘性趋势；(2) 高研发投入的公司比低研发投入的公司具有更强的营业成本粘性；(3) 在已知销售降低的情况下，高研发投入的公司比低研发投入的公司会更低程度地削减成本。本文检验了企业研发活动以及管理层预期对成本粘性的影响，为揭示企业成本管理这一"黑箱"以及成本粘性成因提供了新的视角，进一步丰富了成本粘性文献。

关键词 研发投入 管理层预期 资源调整成本 成本粘性

R&D Investment, Managerial Expectation and Operating Cost Stickiness: An Empirical Study Based on China's A-share Market

XI ZHAO HUANYU MA SHUO ZHANG

Abstract This study investigates the impact of a firm's research and development investment on cost structure and cost stickiness. We speculate that, a high level of research and development investment increases the level of adjustment costs and drives managers to shape

---

[*] 天津大学管理与经济学部。通信作者：麻环宇；地址：天津市南开区 92 号天津大学管理与经济学部 25 楼 A802；邮编：300712；电话：18522577781；E-mail：huanyu7126@163.com。作者感谢国家社会科学基金重点项目（批准号 16AGL007）的资助，同时感谢匿名审稿专家的宝贵建议，但文责自负。

more optimistic expectations regarding future sales growth. Firms with high level of research and development investment will hesitate to remove resources and further increase the slack of their unutilized resources and the degree of cost stickiness. The data sample consists of 11 144 firm-year observations of China's A share market for the period 2006—2014. Our empirical findings suggest:(1) managerial expectation has a significant impact on cost stickiness;(2) in the firms with higher research and development investment, operating cost exhibits stronger cost stickiness;(3) managers in the firms with higher level of research and development investment cut costs more discreetly than that in the firm with lower level of research and development investment. Studying the effect of firm's internal economic activity on cost stickiness, offers a new insight to help reveal the "black box" of firm cost management and the cause of cost stickiness, and further enriches the literature.

Key words R&D Investment; Managerial Expectation; Adjustment Costs; Cost Stickiness

一、引　言

成本与企业当期业务量之间的对称关系是传统成本会计领域的一个基本假设。Anderson et al.(2003)通过大样本的实证检验证实了美国公众公司存在销售和管理费用粘性问题，即费用在企业业务量上升时增加的幅度大于业务量下降时减少的幅度，揭示了成本与业务量之间的不对称行为。

在 Anderson et al.(2003)的基础上，一大批学者开始从不同角度探索成本费用粘性的形成机理、影响因素和经济后果，现有研究主要集中于：(1) 将销售管理费用粘性拓展到成本粘性(Weiss,2010；Subramaniam and Weidenmier, 2003；孔玉生等,2007；Kama and Weiss,2013；Banker et al.,2013 等)和薪酬粘性(方军雄,2009)；(2) 从国家层面、行业特征、产权性质、地区要素市场发育等角度进行横向比较研究(Banker et al.,2012；Calleja et al.,2006；孔玉生等, 2007；龚启辉等,2010；刘武,2006 等)；(3) 盈余预测、盈余管理与成本费用粘性(Banker and Chen,2006；Dierynck et al.,2012；江伟等,2015)；(4) 基于委托代理理论的管理层动机对成本费用粘性的影响(Kama and Weiss,2013；Chen et al.,2012；Banker and Byzalov,2014；谢获宝和惠丽丽,2014；等等)。我们发现，虽然有关成本粘性的研究涉及范围较广，但涉及企业研发活动对成本粘性影响的研究较少。研发投入作为企业内部的主要业务活动，是增强企业自主创新能力的重要手段，我国产业结构优化升级、转变经济增长方式、提高国际竞争力和企业核心竞争能力都离不开研发投入。因此，本文分析了研发活动影响成本粘性的作用机理——增大调整成本以及使管理层形成对未来更乐观的预期,在此基础上实证检验了研发投入是否以及如何影响企业的成本粘性。

研发投入受管理层资源承诺决策影响,反过来,现存研发投入也会影响管理层以后期间的资源调整决策,进而影响成本结构。我们推断在研发投入强度较大的公司,由于研发投入增加了未利用资源数量,增大了资源调整成本并且使管理层形成了对未来销售更乐观的预期,从而管理层更不愿意削减成本,使得营业成本呈现出更强的粘性行为,且研发投入越多,这种粘性行为越强。而在已知销售降低的情况下,同样由于上述原因,高研发投入的公司比低研发投入的公司会更小程度地削减成本。我们选取 2006—2014 年沪深 A 股主板非金融业上市公司为研究样本,分别验证了管理层预期和研发投入对成本粘性的影响,本文的研究结果表明:(1)以以前期间销售变化作为代理变量的管理层预期对成本习性产生调节作用,即营业成本会随着以前期间销售变化而呈现不同程度的粘性行为或反粘性趋势;(2)高研发投入的公司比低研发投入公司具有更强的营业成本粘性;(3)在已知销售降低的情况下,高研发投入的公司比低研发投入的公司会更小程度地削减成本。

本文的主要贡献在于:(1)与现有研究文献相比,本文实证检验了企业研发活动对成本粘性的影响,并获得支持性的结论,这意味着在进行成本粘性的相关研究时,我们必须关注企业研发活动。(2)虽然国外许多学者研究表明管理层预期会对成本粘性产生影响,甚至出现"反粘性"行为(Banker et al.,2011;Kama and Weiss,2013;Banker and Byzalov,2014),但国内却几乎没有人关注我国情境下管理层预期对成本粘性的影响。为了验证研发投入通过管理层预期影响成本粘性的作用机理,同时研究中国情境下管理层预期对成本粘性的影响,我们考察了以前期间销售变化形成的管理层预期对成本粘性的调节作用。研究发现在我国这种调节作用虽然存在,但成本由粘性向反粘性变动的趋势却并不显著,即在以前期间销售上升形成的"纯"乐观的情况下,成本粘性较强,而在"混合"情景和"纯"悲观情况下,虽然系数符号显示成本粘性具有变弱和呈现反粘性的趋势,但统计结果不显著。这一发现与 Banker and Byzalov(2014)对处于经济快速发展的一些亚洲国家的管理层更加乐观的论断是一致的,再次证明了我国管理层预期的特点。

本文第二部分为文献综述和假设提出;第三部分为模型设计和样本选取;第四部分为实证检验和结果分析;第五部分为研究结论和启示。

二、文献综述和假设提出

作为成本习性的另一种形式,成本粘性被认为是由管理者有目的地调整资源引起的,并显著存在于销售管理费用(Anderson et al.,2003;Chen et al.,2012)、销售成本和营业成本(Kama and Weiss,2013)中。现有文献已从对成本粘性的存在性证明阶段发展到寻找动因和解释阶段,已被验证的影响成本粘性的经济因素主要有调整成本、经济活动变化强度、未来销售预期、管理者行为动机等。

调整成本是在资源调整过程中发生的经济损失,是一种很难度量的机会成本,包括劳动力的雇用、解雇和培训成本,生产设备的安装和弃置费,以及在调整过程中引起的士气低落等组织成本(Anderson et al.,2003;Banker et al.,2013;Venieris et al.,2015)。Anderson et al.(2003)发现资产密集度和雇员密集度等公司层面的因素会影响调整成本进而引起成本粘性;Banker et al.(2013)以不同国家劳动保护法的条款作为企业调整成本的代理变量,发现企业成本粘性受国家层面法律条款严苛程度的影响。企业所处国家的劳动保护法条款越严苛,企业成本粘性越强。Venieris et al.(2015)发现组织资本会增加企业资源调整成本,组织资本高的企业会表现出成本粘性行为。

经济活动的变化强度已经被认为是产生成本粘性的原因之一。Balakrishnan et al.(2004)发现当业务量变化很小时,管理层并不会显著地改变员工工作时间,但对于大的变化,不管是正向的还是负向的,管理层都会做出显著回应。Subramaniam and Weidenmier(2003)则报告当营业收入变化超过10%时会引起销售管理费用和销售成本粘性。Venieris et al.(2015)同样证明销售量的变化强度会对具有不同程度组织资本的企业的销售管理费用粘性产生差异性的影响。

管理层对未来销售水平的预期会影响管理层资源调整的决策和成本习性。根据 ABJ(Anderson et al.,2003)的理论,经理人对企业未来绩效的预期在成本调整决策中起着重要的作用,Anderson et al.(2003)发现销售管理费用粘性会随着销售收入两年连续下降而降低,而在宏观经济增长情况下会提高。Banker et al.(2011)采用具体变量来衡量经理人乐观预期和悲观预期,研究了经理人预期对费用粘性的决定性影响,发现当经理人乐观预期非常明显时,费用粘性水平较高;当经理人持悲观预期时,费用粘性表现不明显。Kama and Weiss(2013)利用 BCM 模型(Banker et al.,2011)发现,满足盈余目标的激励在悲观情景下对成本粘性程度有更强的影响。Banker and Byzalov(2014)研究发现，管理层对当期销售暂时性的乐观或悲观预期会降低或增加成本粘性。

管理者自利主义倾向会引起代理成本，影响资源调整决策并导致成本粘性。Chen et al.(2012)发现，经理人帝国构建动机对成本粘性有显著影响，公司治理在减弱代理问题方面有显著作用。Dierynck et al.(2012)发现，通过应计项目进行有目的的盈余管理会引起更高的成本粘性。Kama and Weiss(2013)实证研究了盈余目标和管理层激励对成本粘性的影响，指出管理层为了满足盈余目标而进行资源调整会降低成本粘性，并强调任何对成本粘性来源的研究都必须关注管理层动机。Calleja et al.(2006)则从国家层面探讨了公司治理系统对企业成本粘性的影响，发现公司治理较弱国家的企业呈现出更强的成本粘性。

在我国，孙铮和刘浩(2004)通过对292家公司1994—2001年的数据进行分析，发现我国上市公司也存在费用粘性现象，并从契约观、效率观以及机会主义观三个方面进行了一定的解释。刘武(2006)从行业差异角度对我国上市公司成本粘性现象进行了检验。孔玉生等(2007)发现我国上市公司的营业成本也存在粘性问题，时间范围、行业属性、公司属性、资本密集度、劳动密集度以及业务量的变化幅度对成本粘性程度均有显著影响。刘彦文和王玉刚(2009)验证了宏观经济增长、资本密集程度和历史费用三个因素对我国上市公司费用粘性的影响，并且发现时期的延长对各行业的费用粘性行为具有不同的影响。曹晓雪等(2009)、万寿义和王红军(2010)则分别研究了《中央企业负责人经营业绩考核暂行办法》的出台、管理者的自利行为和公司治理对我国上市公司费用粘性的影响。龚启辉等(2010)研究了地区要素市场发育对中国上市公司成本和费用粘性的影响以及其在不同产权性质公司之间的差异。谢获宝和惠丽丽(2014)将委托代理理论引入对成本粘性问题的研究，在控制了企业自身经济特征以及宏观经济周期性变化等因素后发现，代理问题是加重成本粘性程度的重要原因。刘媛媛和刘斌(2014)以《劳动合同法》的实施为契机，实证分析了我国A股制造业上市公司2004—2011年的人工成本粘性变化，并在此基础上进一步检验了企业用机器设备替代人工的应对措施。江伟等(2015)发现管理层的应计盈余管理行为会导致企业的成本粘性，在2007年执行新会计准则之后，管理层的应计盈余管理行为对企业成本粘性的影响有所减弱。

综上，管理层的资源调整决策受各种主客观因素的影响，影响成本结构并最终作用于成本粘性。但对于研发活动是否以及如何影响成本粘性的研究却相对较少。Balakrishnan and Gruca(2008)以加拿大安大略省立医院为例，研究了医院内部不同部门营运成本的粘性表现,研究发现医院内部只有具有核心竞争力的部门(比如病人治疗和看护部门)费用粘性才表现明显,他们认为原因在于相对于辅助性部门而言,具有核心竞争力的部门具有更高的资源调整成本。因此,我们推断,企业不同的业务活动由于重要程度、成本核算方式、战略意义的不同,对企业成本粘性的影响和贡献也存在差异。研发投入作为企业内部的主要业务活动,是增强企业自主创新能力的重要手段,我国产业结构优化升级、转变经济增长方式、提高国际竞争力和企业核心竞争能力都离不开研发投入。因此,本文主要探讨了研发投入是否以及如何影响企业的成本粘性。

首先,研发投入需要高度专业化的人才投入,具有高水平的研发投入的公司必须具备更高的人力密集度并且需要更高的人力资源调整成本,如果公司资源削减后又需要重新恢复研发活动,需要雇用新的员工和采购新的设备,则将导致新的招聘成本、培训成本和公司专有技能的潜在损失。其次,研发活动通常需要很长的周期,而且是一个不断累积投入的过程,以前期间的投入会形成存量而增加当期的调整成本。即使当期销售降低,面临如此高的资源调整成本,管理层也希望维持当前的研发活动,何况管理层更希望从当前的研发活动中获取未来收益。最后,削减研发投入会给内部员工和外界造成企业发展潜力不足的印象,引起投资者的恐慌,对企业的信任度降低,不利于企业自身的发展。

另外,比起研发投入水平低的公司,高水平公司的管理者通常对未来销售收入会形成更乐观的预期,因为增加研发投资会显著提升企业的经营绩效和市场绩效(Eberhart et al.,2004)。管理层乐观的销售预期是不对称成本行为的主要来源,当管理层对未来的市场需求更乐观时,销售和管理费用粘性也更强(Banker et al.,2011)。我们推断虽然当期的研发投入会增加营业成本、减少利润,但是从长期来看,研发一旦成功,就会显著提高现有产品的销售增长率或者占领新的市场。虽然国外学者对管理层预期与成本粘性的关系进行了大量的研究,但国内学者却鲜见关于研发投入与成本粘性问题的研究。为了探究研发投入通过管理层预期影响成本粘性的作用机理,也同时验证外国学者对管理层预期与成本粘性的关系是否在中国情景下成立,我们提出了假设1,并进行了实证检验。

Banker and Byzalov(2014)通过引入现有成本粘性理论,形成了一个整合框架,见图1,Venieris et al.(2015)利用这个框架对管理资本对销售管理费用粘性的影响进行了分析。当当期销售超过了现有资源能力时,公司将会成比例地增加资源(情景A)。当销售降低时,公司管理层将会在未利用资源的维持成本与处理资源的调整成本之间进行权衡。当销售降低和未利用资源在可接受的水平上时,公司会维持现有资源水平(情景C)。但是当销售降低到可接受的未利用资源能力水平以下时,公司就会调整资源,削减成本(情景B)。结合我们的分析形成了图2,具有更高研发投入的公司,其营业成本会表现出更高的成本粘性(情景C加情景D),这种情况在具有很大研发投入存量的公司表现得更明显。基于以上分析,我们得出以下假设:

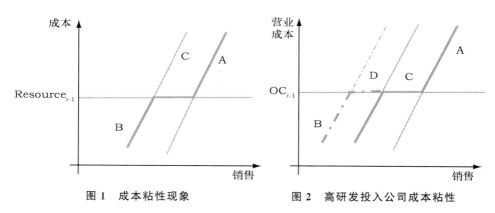

图1　成本粘性现象　　　　图2　高研发投入公司成本粘性

假设1　管理层对未来乐观或悲观的预期对成本习性产生调节作用,即营业成本会随着以前期间销售变化而呈现不同程度的粘性(或反粘性)行为。

假设2　高研发投入的公司比低研发投入的公司具有更强的营业成本粘性。

假设3　在给定销售降低的情况下,高研发投入的公司比低研发投入的公司会更小程度地削减成本。

基于管理层预期和调整成本的观点,我们认为研发投入高的公司的营业成本会呈现出成本粘性行为。具有高水平研发投入的公司具有更多的未利用资源,增大了调整成本,公司会更谨慎地做出削减资源的决策,而且会使管理层形成对将来销售增长更乐观的预期,因此高研发投入的公司会呈现出更强的成本粘性,在销售降低时,会更小程度地削减成本,理论模型见图3。

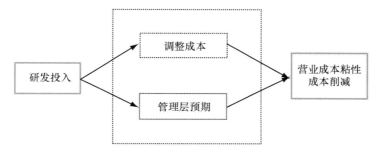

图3　研发投入影响营业成本粘性的理论模型

三、模型设计和样本选取

(一) 模型设计

本文后续部分的实证检验主要涉及以下两个问题:(1)管理层预期如何影响营业成本粘性;(2)作业企业主要业务活动的研发投入是否以及如何影响企业的成本粘性。由此,本文实证模型的设计思路如下:

1. 管理层预期实证的模型设计

为了克服 Anderson et al. (2003)模型单期间且不能识别成本粘性和成本反粘性随条件变化的潜在过程,Banker et al. (2014)开发了两时期基本模型,见模型(1),由于管理层预期难以度量,我们沿用前人(Banker et al.,2014;Kama and Weiss,2013)的做法,将连续两期销售增长或降低作为管理层乐观预期或悲观预期的代理变量,得到模型(2)。

$$\Delta \ln OC_{i,t} = \beta_0 + I_{i,t-1}(\beta_1^{PIncr}\Delta \ln REV_{i,t} + \beta_2^{PIncr} D_{i,t}\Delta \ln REV_{i,t})$$
$$+ D_{i,t-1}(\beta_1^{PDecr}\Delta \ln REV_{i,t} + \beta_2^{PDecr} D_{i,t}\Delta \ln REV_{i,t}) + \varepsilon_{i,t} \quad (1)$$

$$\Delta \ln OC_{i,t} = \beta_0 + I_{i,t-2}I_{i,t-1}(\beta_1^{PIncrIncr}\Delta \ln REV_{i,t} + \beta_2^{PIncrIncr} D_{i,t}\Delta \ln REV_{i,t})$$
$$+ D_{i,t-2}I_{i,t-1}(\beta_1^{PDecrIncr}\Delta \ln REV_{i,t} + \beta_2^{PDecrIncr} D_{i,t}\Delta \ln REV_{i,t})$$
$$+ I_{i,t-2}D_{i,t-1}(\beta_1^{PIncrDecr}\Delta \ln REV_{i,t} + \beta_2^{PIncrDecr} D_{i,t}\Delta \ln REV_{i,t})$$
$$+ D_{i,t-2}D_{i,t-1}(\beta_1^{PDecrDecr}\Delta \ln REV_{i,t} + \beta_2^{PDecrDecr} D_{i,t}\Delta \ln REV_{i,t}) + \varepsilon_{i,t} \quad (2)$$

这是一个三时期模型。其中,$I_{i,t-1}(D_{i,t-1})$是一个虚拟变量,当$t-1$年比$t-2$年销售增长(降低)时取1,否则为0;$I_{i,t-2}(D_{i,t-2})$也是虚拟变量,当$t-2$年比$t-3$年销售增长(降低)时取1,否则为0;如前所述,我们期望成本粘性在"纯"乐观的情况下($I_{i,t-1}=I_{i,t-2}=1$)较强,在"纯"悲观的情况下($D_{i,t-1}=D_{i,t-2}=1$)则较弱甚至表现出反粘性行为,而在"混合"情况下($D_{i,t-2}=I_{i,t-1}=1$和$I_{i,t-2}=D_{i,t-1}=1$),则分别呈现适度的粘性和反粘性行为。

2. 研发投入实证的模型设计

我们使用 Kama and Weiss(2013)回归模型来测试研发投入对营业成本粘性的影响,见模型(3),该模型在ABJ模型(Anderson et al.,2003)基础上改进而来。其中,$D_{i,t}$是虚拟变量,当$REV_{i,t} < REV_{i,t-1}$时,取值为1,否则为0。

$$\Delta \ln OC_{i,t} = \beta_0 + \beta_1 \Delta \ln REV_{i,t} + \beta_2 D_{i,t}\Delta \ln REV_{i,t} + \varepsilon_{i,t} \quad (3)$$

在该模型中,β_1指的是销售增加1%时营业成本随之变化的百分比,$\beta_1+\beta_2$衡量的是当销售降低1%时营业成本随之变化的百分比。当$\beta_1>0$时,若$\beta_2<$

0，即 $\beta_1 > \beta_1 + \beta_2$，则存在成本粘性（Anderson et al.，2003）。

我们将样本观测值分为无研发投入、低研发投入和高研发投入三个样本组对模型（3）进行测试。如果研发投入水平越高，β_2 越显著为负，即 β_2 越来越小，则假设 2 成立，即高研发投入的公司比低研发投入的公司具有更强的营业成本粘性。若高研发投入的公司销售降低时的系数 $\beta_1 + \beta_2$ 比低研发投入的公司销售降低时的系数显著更低，则支持假设 3，即在给定销售降低的情况下，高研发投入的公司比低研发投入的公司会更小程度地削减成本。

在 Kama and Weiss（2013）和 Anderson et al.（2003）基础上，我们将模型（3）做以下改进：（1）通过加入交叉相乘项衡量研发投入（R&D）对营业成本（OC）粘性的影响，R&D 为虚拟变量，如果研发投入大于中值，则取值为 1，否则为 0；（2）根据前人研究，我们引入连续期间销售降低（SUC_DEC）、资产密集度（ASINT）、雇员密集度（EMPINT）、国内生产总值（GDP）四个控制变量，得到模型（4）。

$$\Delta \ln OC_{i,t} = \beta_0 + \gamma_0 R\&D_{i,t} + \{\beta_1 + \gamma_1 R\&D_{i,t}\} \Delta \ln REV_{i,t} + \\ \{\beta_2 + \gamma_2 R\&D_{i,t} + \delta_1 SUC\_DEC_{i,t} + \delta_2 ASINT_{i,t} + \\ \delta_3 EMPINT_{i,t} + \delta_4 GDP_t\} \times D_{i,t} \Delta \ln REV_{i,t} + \varepsilon_{i,t} \quad (4)$$

我们用模型（4）来测试假设 2 和假设 3。在模型（4）中，高研发投入公司在销售增长时的斜率为 $\beta_1 + \gamma_1$，在销售降低时的斜率为 $\beta_1 + \gamma_1 + \beta_2 + \gamma_2 + \delta_1 SUC\_DEC + \delta_2 ASINT + \delta_3 EMPINT + \delta_4 GDP$，$\beta_1 + \gamma_1$ 被包含在两个斜率中，因此该模型可以衡量在不同销售变化情况下的成本粘性行为（Kama and Weiss，2013）。另外，高研发投入公司和低研发投入公司的粘性程度衡量的斜率也是不同的，对于高研发投入公司，其斜率为 $\beta_2 + \gamma_2 + \delta_1 SUC\_DEC + \delta_2 ASINT + \delta_3 EMPINT + \delta_4 GDP$，而低研发投入公司的斜率为 $\beta_2 + \delta_1 SUC\_DEC + \delta_2 ASINT + \delta_3 EMPINT + \delta_4 GDP$，如果 $\gamma_2 < 0$，则支持假设 2，即高研发投入的公司比低研发投入的公司具有更强的营业成本粘性。

对于假设 3，在已知销售降低的情况下，高研发投入的公司比低研发投入的公司会更小程度地削减成本，这要求高研发投入公司的斜率 $\beta_1 + \gamma_1 + \beta_2 + \gamma_2 + \delta_1 SUC\_DEC + \delta_2 ASINT + \delta_3 EMPINT + \delta_4 GDP$，要小于低研发投入公司的斜率 $\beta_1 + \beta_2 + \delta_1 SUC\_DEC + \delta_2 ASINT + \delta_3 EMPINT + \delta_4 GDP$，即如果要支持假设 3，则 $\gamma_1 + \gamma_2 < 0$。

上述模型中所用变量的具体定义见表 1。

表 1　变量定义和说明

变量符号	变量名称	变量定义
$\Delta \ln REV$	营业收入	本年度营业收入/上一年度营业收入，取对数
$\Delta \ln OC$	营业成本	本年度营业成本、营业税金及附加/上一年度营业成本、营业税金及附加，取对数
R&D	研发投入	虚拟变量，如果本年度研发投入大于中值则取1，否则为0
SUC_DEC	连续两期营业收入变化	虚拟变量，$t-2$年度至t年度的营业收入连续降低时取1，否则为0
ASINT	资产密集度	本年度总资产/本年度营业收入，取对数
EMPINT	劳动力密集度	本年度雇员人数/本年度营业收入，取对数
GDP	国内生产总值	(本年度国内生产总值-上一年度国内生产总值)/上一年度国内生产总值，增长百分比
$I_{i,t}$	本期营业收入增长	虚拟变量，当t年度的营业收入比$t-1$年度增长时取值为1，否则为0
$D_{i,t}$	本期营业收入降低	虚拟变量，当t年度的营业收入比$t-1$年度降低时取值为1，否则为0
$I_{i,t-1}$	上期营业收入增长	虚拟变量，当$t-1$年度的营业收入比$t-2$年度增长时取值为1，否则为0
$D_{i,t-1}$	上期营业收入降低	虚拟变量，当$t-1$年度的营业收入比$t-2$年度降低时取值为1，否则为0
$I_{i,t-2}$	$t-2$期营业收入增长	虚拟变量，当$t-2$年度的营业收入比$t-3$年度增长时取值为1，否则为0
$D_{i,t-2}$	$t-2$期营业收入降低	虚拟变量，当$t-2$年度的营业收入比$t-3$年度降低时取值为1，否则为0

(二) 样本选取和描述性统计

本文选取2006—2014年间沪深A股主板非金融业上市公司为研究样本，初始数据取自Wind数据库。在样本选取的过程中，我们剔除了以下公司：(1) 金融类公司；(2) *ST、ST和PT公司；(3) 剔除有明显错误信息的观测值，比如总资产或者销售收入的数值为零或者为负等；(4) 剔除不能满足至少连续两年有营业成本或者销售收入数据的观测值；(5) 剔除有缺失值的观测值，最终得到11 144个样本观测值。表2列示了关键变量的描述性统计结果。

表 2　关键变量的描述性统计结果

变量	极小值	极大值	均值	标准差
OC	0.0001	125632.2985	15.5702	1219.0319
REV	0.0003	134608.0584	15.3900	1283.1301
D	0	1.0000	0.3100	0.4640
ASINT	0.0436	9227.7328	5.2960	96.0708
EMPINT	0	0.0030	0	0

(续表)

变量	极小值	极大值	均值	标准差
SUC_DEC	0	1.0000	0.1100	0.3160
GDP	1.0824	1.1840	1.1323	0.0443
R&D	0	1.0000	0.1500	0.3540

四、实证检验和结果分析

(一)管理层预期的实证检验

我们利用模型(2)检验以以前期间销售变化作为代理变量的管理层预期对成本粘性的影响,即假设1,回归结果见表3。

表3 模型(2)回归结果

系数	变量	预计符号	估计值	t值	Banker et al.(2014)
$\beta_1^{\text{PIncrIncr}}$	$I_{i,t-2}I_{i,t-1}\Delta\ln REV$	+	1.034***	(35.76)	0.782***
$\beta_2^{\text{PIncrIncr}}$	$I_{i,t-2}I_{i,t-1}D_{i,t}\Delta\ln REV$	−	−0.627***	(−5.76)	−0.462***
$\beta_1^{\text{PDecrIncr}}$	$D_{i,t-2}I_{i,t-1}\Delta\ln REV$	+	0.964***	(23.17)	0.589***
$\beta_2^{\text{PDecrIncr}}$	$D_{i,t-2}I_{i,t-1}D_{i,t}\Delta\ln REV$	−	−0.223	(−1.34)	−0.209***
$\beta_1^{\text{PIncrDecr}}$	$I_{i,t-2}D_{i,t-1}\Delta\ln REV$	+	0.955***	(23.53)	0.461***
$\beta_2^{\text{PIncrDecr}}$	$I_{i,t-2}D_{i,t-1}D_{i,t}\Delta\ln REV$	+	−0.135	(−1.50)	0.086***
$\beta_1^{\text{PDecrDecr}}$	$D_{i,t-2}D_{i,t-1}\Delta\ln REV$	+	0.958***	(39.97)	0.367***
$\beta_2^{\text{PDecrDecr}}$	$D_{i,t-2}D_{i,t-1}D_{i,t}\Delta\ln REV$	+	0.0290	(0.27)	0.273***
β_0			−0.0367**	(−2.01)	
行业			控制		
年份			控制		
N			10 997		
R^2			0.838		
adj.R^2			0.837		
F			230.5		

注:***、**、*分别表示在1%、5%和10%的水平下显著。

比较表3的回归结果可以看出:(1)在以前两期销售均增长的情况下,即管理层对未来"纯"乐观的预期,营业成本呈现粘性状态($\beta_1^{\text{PIncrIncr}}=1.034,\beta_2^{\text{PIncrIncr}}=-0.627$),且在1%的水平上显著,证实了管理层对未来乐观的预期会增强成本粘性。(2)随着管理层乐观倾向降低,悲观预期变强,成本粘性不显著,即管理层对未来悲观的预期不会影响成本粘性,但是成本却呈现出了粘性逐渐降低甚至反粘性的趋势($\beta_2^{\text{PDecrInc}}=-0.223,\beta_2^{\text{PIncrDecr}}=-0.135,\beta_2^{\text{PDecriDecr}}=0.0290$,逐渐变大)。(3) 与 Banker et al. (2014)的回归结果相比,虽然本文成本反粘性的结果并不显著,但与 Banker et al. (2011)和 Banker and Byzalov(2014)的研究结论是一致的。Banker et al. (2011)调查了经理人乐观预期和悲观预期对费用粘性的影响,发现当经理人乐观预期非常明显时,费用粘性水平较高;当经理人对未来持悲观预期时,费用粘性表现不明显。Banker and Byzalov(2014)以 Global Compustat 数据库的公司为研究样本,进一步证实了大多数国家的公司费用粘性确实受经理人预期的影响,而那些与该结论不一致的国家主要是正处于经济快速发展的一些亚洲国家,如中国、马来西亚,这些国家的公司经理人对企业未来业务量的预期要高过美国和欧洲公司经理人对业务量的平均预期。即使在以前期间销售降低的情况下经理人仍然对未来销售保持适度的乐观,本文的研究结论进一步支持了这一发现,假设1得到验证。

(二) 研发投入的实证检验

1. 模型(3)的回归结果

我们将样本观测值分为无研发投入、低研发投入和高研发投入三个样本组,对模型(3)进行测试,回归结果见表4。

表4 不同研发投入公司模型(3)的回归结果

系数	预计符号	变量	无研发投入公司	低研发投入公司	高研发投入公司
β_0	—	C	−0.003	−0.008***	−0.045***
			(−0.606)	(−2.641)	(−5.471)
β_1	+	$\Delta\ln REV$	0.963***	0.889***	0.780***
			(148.672)	(119.067)	(42.867)
β_2	—	$D_{i,t}\times\Delta\ln REV$	−0.023**	−0.106***	−0.649***
			(−2.031)	(−8.629)	(−25.258)
Adj R^2			0.881911	0.802926	0.648119
F			17375.77	11103.33	954.1658
N			4 655	5 452	1 037

注:***、**、* 分别表示在1%、5%、10%的水平下显著。

由表4可以看出,随着研发投入的增多,营业成本粘性行为增强。当无研发投入时,β_1 为0.963,在1%的水平下显著,意味着营业收入每增加1%,营业成本增加0.963%,而 β_2 为−0.023,在5%的水平下显著,$\beta_1+\beta_2=0.963-0.023=0.940$,则营业成本呈现出一定的粘性行为,与前人的研究相符(Kama and Weiss, 2013;孙铮和刘浩,2004;等等);在低研发投入情况下,β_1 为0.889,而 β_2

为 -0.106，均在 1% 的水平下显著，$\beta_1+\beta_2=0.899-0.106=0.783$，成本粘性程度增强；在高研发投入情况下，$\beta_1$ 为 0.780，而 β_2 为 -0.649，$\beta_1+\beta_2=0.780-0.649=0.131$，成本粘性程度进一步增强，有力地验证了假设 2，即高研发投入的公司比低研发投入的公司具有更强的营业成本粘性。

对于假设 3，高研发投入的公司在销售降低时的系数为 $\beta_1+\beta_2=0.780-0.649=0.131$，显著低于低研发投入的公司在销售降低时的系数 $\beta_1+\beta_2=0.889-0.106=0.783$，则在给定销售降低的情况下，高研发投入的公司比低研发投入的公司会更小程度地削减营业成本，支持假设 3。

2. 模型(4)的回归结果

我们将研发投入设为虚拟变量加入到模型中来测试假设 2 和假设 3，回归结果见表 5。前面我们已经说明若 $\gamma_2<0$，则支持假设 2，回归结果显示 $\gamma_2=-0.346<0$，且在 1% 的水平下显著，即高研发投入的公司比低研发投入的公司具有更强的营业成本粘性。

对于假设 3，在已知销售降低的情况下，若 $\gamma_1+\gamma_2<0$，则假设成立，回归结果显示 $\gamma_1+\gamma_2=0.041-0.346=-0.305<0$，且在 1% 的水平下显著，这说明高研发投入的公司比低研发投入的公司会更小程度地削减成本，支持假设 3。

表 5 模型(4)回归结果

系数	变量	估计值	t 统计量
β_0	C	-0.008^{***}	-2.751
γ_0	R&D	-0.022^{***}	-2.897
β_1	$\Delta\ln REV$	0.941^{***}	199.377
γ_1	R&D$\times\Delta\ln REV$	0.041^{***}	2.686
β_2	$D_{i,t}\times\Delta\ln REV$	-4.589^{***}	-31.033
γ_2	R&D$\times D_{i,t}\times\Delta\ln REV$	-0.346^{***}	-14.479
δ_1	SUC$\times D_{i,t}\times\Delta\ln REV$	0.150^{***}	13.113
δ_2	ASINT$\times D_{i,t}\times\Delta\ln REV$	-0.001^{***}	-18.0812
δ_3	EMPINT$\times D_{i,t}\times\Delta\ln REV$	-1.969	-0.178
δ_4	GDP$\times D_{i,t}\times\Delta\ln REV$	3.964^{***}	30.142
Adj R^2	0.86373		
F	7847.879		
Durbin-Watson	2.708334		

注：***、**、* 分别表示在 1%、5% 和 10% 的水平下显著。

五、研究结论和启示

本文通过实证发现研发投入、管理层预期是影响企业成本粘性的主要因素,研发投入会增加企业未利用资源的冗余度,增大调整成本,并使管理层形成对未来销售更乐观的预期,从而使管理层继续原定的研发投入承诺计划或减少对当期成本的削减。通过对我国 A 股上市公司 2006—2014 年面板数据进行实证检验,本文得出了以下研究结论:

(1) 管理层预期会对成本粘性产生显著影响,即营业成本会随着以前期间销售变化而呈现不同程度的粘性行为和反粘性趋势。

(2) 研发投入会影响企业成本粘性,具体表现为高研发投入的公司比低研发投入的公司具有更强的营业成本粘性。

(3) 在给定销售降低的情况下,高研发投入的公司比低研发投入的公司会更小程度地削减成本。

成本粘性作为成本的一种重要特征,是沟通管理会计与财务会计的"桥梁",有助于揭示企业成本管理这一"黑箱"。成本粘性程度过高会降低经营效率,加剧经营风险。因此,我们对成本粘性的研究不仅应该关注企业的资产、宏观环境等经济特征以及高管代理行为,比如真实盈余管理、盈余目标和管理层动机等,还应该关注企业内部各项业务活动对成本粘性的影响,挖掘出影响成本粘性问题的重要原因。本文从研发投入会增加调整成本和使管理层形成对未来更乐观的预期角度验证了研发投入对成本粘性的影响,为成本粘性的研究提供了新的视角,进一步丰富了成本粘性文献。

参 考 文 献

[1] 曹晓雪、于长春、周泽将,2009,费用"粘性"研究:来自中央企业的经验证据,《产业经济研究》,第 1 期,第 39—46 页。

[2] 方军雄,2009,我国上市公司高管的薪酬存在粘性吗?《经济研究》,第 3 期,第 110—124 页。

[3] 龚启辉、刘慧龙、申慧慧,2010,地区要素市场发育、国有控股与成本和费用粘性,《中国会计评论》,第 4 期,第 431—446 页。

[4] 江伟、胡玉明、吕喆,2015,应计盈余管理影响企业的成本粘性吗,《南开管理评论》,第 2 期,第 83—92 页。

[5] 孔玉生、朱乃平、孔庆根,2007,成本粘性研究:来自中国上市公司的经验证据,《会计研究》,第 11 期,第 58—65 页。

[6] 刘武,2006,企业费用"粘性"行为:基于行业差异的实证研究,《中国工业经济》,第12期,第105—112页。

[7] 刘彦文、王玉刚,2009,中国上市公司费用粘性行为实证分析,《管理评论》,第11期,第98—106页。

[8] 刘媛媛、刘斌,2014,劳动保护、成本粘性与企业应对,《经济研究》,第5期,第63—76页。

[9] 孙铮、刘浩,2004,中国上市公司费用"粘性"行为研究,《经济研究》,第12期,第26—34页。

[10] 万寿义、王红军,2011,管理层自利、董事会治理与费用粘性:来自中国制造业上市公司的经验证据,《经济与管理》,第25期,第26—32页。

[11] 谢获宝、惠丽丽,2014,代理问题、公司治理与企业成本粘性——来自我国制造业企业的经验证据,《管理评论》,第12期,第142—159页。

[12] Anderson, M. C., R. D. Banker and S. Janakiraman, 2003, Are selling, general and administrative cost sticky? *Journal of Accounting Research*, 41, 47—63.

[13] Balakrishnan, R. and T. S. Gruca, 2008, Cost stickiness and core competency: A note, *Contemporary Accounting Research*, 25, 993—1006.

[14] Balakrishnan, R., M. J. Peterson and N. S. Soderstrom, 2004, Does capacity utilization affect the stickiness of cost? *Journal f Accounting, Auditing & Finance*, 19, 283—299.

[15] Banker, R. D. and D. Byzalov, 2014, Asymmetric cost behavior, *Journal of Management Accounting Research*, 26, 43—79.

[16] Banker, R. D. and L. Chen, 2006, Predicting earnings using a model based on cost variability and cost stickiness, *The Accounting Review*, 81 (2), 285—307.

[17] Banker, R. D., D. Byzalov and L. Chen, 2013, Employment protection legislation, adjustment costs and cross-country differences in cost behavior, *Journal of Accounting and Economics*, 55, 111—127.

[18] Banker, R. D., D. Byzalov, M. Ciftci and R. Mashruwala, 2014, The moderating effect of prior sales changes on asymmetric cost behavior, *Journal of Management Accounting Research*, 26, 221—242.

[19] Banker, R., M. Ciftic and R. Mashruwala, 2011, Managerial optimism and cost behavior, Working Paper, Temple University.

[20] Calleja, K., M. Steliaros and D. C. Thomas, 2006, A note on cost stickiness: Some international comparison, *Management Accounting Research*, 17, 127—140.

[21] Chen, C. X., H. Lu and T. Sougiannis, 2012, The agency problem, corporate governance and the asymmetrical behavior of selling, general, and administrative costs, *Contemporary Accounting Research*, 29, 252—282.

[22] Dierynck, B., W. R. Landsman and A. Renders, 2012, Do managerial incentives drive cost behavior? Evidence about the role of the zero earnings benchmark for labor cost behavior in private Belgian firms, *Accounting Review*, 87, 1219—1246.

[23] Eberhart, A., W. Maxwell and A. Sidique, 2004, An examination of long-term abnormal stock returns and operating performance following R & D Increases, *Journal of Finance*, 59, 623—650.

[24] Kama, I. and D. Weiss, 2013, Do earnings targets and managerial incentives affect sticky costs? *Journal of Accounting Research*, 51, 201—224.

[25] Subramaniam, C. and M. L. Weidenmier, 2003, Additional evidence on the sticky behavior of costs, Working Paper available at SSRN: https://papers.ssrn.com/sol3/papers.cfm?abstract_id=369941.

[26] Venieris, G., V. C. Naoum and O. Vlismas, 2015, Organisation capital and sticky behavior of selling, general and administrative expenses, *Management Accounting Research*, 26, 54—82.

[27] Weiss, D., 2010, Cost behavior and analysts' earnings forecast, *The Accounting Review*, 85(4), 1141—1471.

图书在版编目(CIP)数据

中国会计评论.第14卷.第4期/王立彦等主编.—北京:北京大学出版社,2016.12
ISBN 978-7-301-28413-1

Ⅰ.①中… Ⅱ.①王… Ⅲ.①会计—中国—丛刊 Ⅳ.①F23-55

中国版本图书馆 CIP 数据核字(2017)第 121357 号

书　　　名	中国会计评论(第 14 卷第 4 期) ZHONGGUO KUAIJI PINGLUN
著作责任者	王立彦 等　主编
责任编辑	李　娟
标准书号	ISBN 978-7-301-28413-1
出版发行	北京大学出版社
地　　　址	北京市海淀区成府路 205 号　100871
网　　　址	http://www.pup.cn
电子信箱	em@pup.cn　QQ:552063295
新浪微博	@北京大学出版社　@北京大学出版社经管图书
电　　　话	邮购部 62752015　发行部 62750672　编辑部 62752926
印　刷　者	北京大学印刷厂
经　销　者	新华书店
	787 毫米×1092 毫米　16 开本　9.25 印张　152 千字 2016 年 12 月第 1 版　2016 年 12 月第 1 次印刷
定　　　价	38.00 元

International Price：$38.00

未经许可,不得以任何方式复制或抄袭本书之部分或全部内容。
版权所有,侵权必究
举报电话:010-62752024　电子信箱:fd@pup.pku.edu.cn
图书如有印装质量问题,请与出版部联系,电话:010-62756370

《中国会计评论》征订

  《中国会计评论》是一本与国际学术研究相接轨、积极关注中国会计与财务问题的大型会计理论学术期刊，由北京大学、清华大学、北京国家会计学院发起，多所综合大学联合主办，北京大学出版社出版，主要面向大学会计教育界和学术界发行。

  本刊力求为中国会计理论界提供一个学术交流聚焦点，为会计界学者提供一个高水平的研究成果发表平台。本刊的研究风格是：用国际规范的方法，研究中国的本土经济现象，为中国会计理论学科的发展走向世界铺路搭桥。我们希望并相信，在会计理论界的共同努力下，《中国会计评论》能够发表一系列开创性的、具有影响力的研究成果，培育出一大批具备敏锐眼光的杰出会计学者。

  《中国会计评论》为大16开，每期150页左右。本刊印刷装帧考究，内容深刻，极富学术参考价值和保存价值，是有志于学习现代会计前沿理论和方法并以之研究中国本土问题的学者和学生的必读刊物，同时也是最好的学术发表平台之一。

  我们诚挚地邀请海内外学者共襄盛举，踊跃投稿和订阅，为中国会计和财务理论的繁荣奉献力量。

征 订 回 执

书　名	订阅年度	订　数	汇款金额
《中国会计评论》 每期定价： 48.00元/册（含邮费）	☐ 2017年共4期	共计　　　期 每期　　　册 总计　　　册	＿＿＿＿＿元 （总册数×48元/册）
征订单位名称 （发票抬头）			
收书信息 （姓名/地址/邮编/电话）			
联系人		电话/手机 E-mail	
汇款单位（人）		电话/手机 E-mail	

订购单位（盖章）

☆ 电汇信息：
  户　名：北京大学出版社有限公司
  开户银行：工行海淀西区支行（102100000458）
  账　号：0200 0045 0906 6138 007
  税　号：1101 08H 5262 8530

"汇款单"填写说明：请您务必在备注栏注明"北大书店《中国会计评论》书款"及您的联系电话。

☆ 购书流程：
  1. 回复征订单：请您将此"征订回执"填写完整，传真或E-mail给我们，并确认是否收悉；
  2. 汇款：汇款后，请务必将"汇款回执单"传真或E-mail给我们，以便核对汇到账情况。
  ★ 注：当汇款单位（人）与征订单位（人）不符时，请务必电话联系确认，以免耽误发书。

感谢您的支持与惠顾！

北京大学出版社有限公司•邮购部（北大书店）：
联系电话：010-6275 7515，6275 2015/传真：010-6275 3573/E-mail：736858469@qq.com
联系人：付静，曹小花/手机：1581 083 2067/邮政地址：北京市海淀区成府路205号，100871，迟频 收

CHINA ACCOUNTING REVIEW (CAR)

China Accounting Review (CAR) is a new accounting journal in Chinese, sponsored by Peking University, Tsinghua University, Beijing National Accounting Institute and ten more universities, and published by the Peking University Press.

The aim of the journal is to provide a publication forum for serious theoretical and empirical research on accounting and finance in China's transitional economy. Papers published in CAR fall into five categories: reviews, regular papers, comments and replies, symposium, and book reviews.

Each issue contains about 150 pages and is printed elegantly with quality paper. English table of contents and an abstract for each paper are provided. The journal brings the reader with the latest developments of accounting and finance research in China. Therefore, it is a must collection for academic libraries and scholars who have an interest in the Chinese accountancy.

CHINA ACCOUNTING REVIEW (CAR)

Order Form

☐ Institutions & Individuals   US $38.00/Volume

Please enclose a check payable to *China Accounting Review* with this order form.

Subscription to		Only checks are accepted
☐ Vol. 12 ☐ Vol. 16		Currency Options
☐ Vol. 13 ☐ Vol. 17		☐ RMB ☐ Hong Kong dollar
☐ Vol. 14 ☐ Vol. 18		☐ Euro ☐ US dollar
☐ Vol. 15 ☐ Vol. 19		

Name _____

Address _____

City/state/Zip/Country _____

Phone (   ) _____ Fax (   ) _____

E-mail _____

Please mail your order and check to *China Accounting Review*, Guanghua School of Management, Peking University, Beijing 100871, China.